徐佃伟 ◎ 著

蜕变的力量
给男幼师的成长建议

郑州大学出版社

图书在版编目(CIP)数据

蜕变的力量：给男幼师的成长建议／徐佃伟著． -- 郑州：郑州大学出版社，2024.3

ISBN 978-7-5773-0167-9

Ⅰ.①蜕… Ⅱ.①徐… Ⅲ.①幼教人员－师资培养－研究 Ⅳ.①G615

中国国家版本馆 CIP 数据核字(2024)第 032916 号

蜕变的力量：给男幼师的成长建议
TUIBIAN DE LILIANG：GEI NAN YOUSHI DE CHENGZHANG JIANYI

策划编辑	郜　毅	封面设计	王　微
责任编辑	张　峥　马云飞	版式设计	苏永生
责任校对	张若冰	责任监制	李瑞卿
出版发行	郑州大学出版社	地　　址	郑州市大学路 40 号(450052)
出 版 人	孙保营	网　　址	http://www.zzup.cn
经　　销	全国新华书店	发行电话	0371-66966070
印　　刷	郑州市今日文教印制有限公司		
开　　本	710 mm×1 010 mm　1 / 16		
印　　张	12.75	字　　数	212 千字
版　　次	2024 年 3 月第 1 版	印　　次	2024 年 3 月第 1 次印刷
书　　号	ISBN 978-7-5773-0167-9	定　　价	58.00 元

本书如有印装质量问题，请与本社联系调换。

写这样一本书,是受到罗树庚老师《教师快速成长:专业发展必备的六大素养》一书的启发,他把教师成长的秘诀归纳为六大素养:内驱力、学习力、行动力、沟通力、研究力、反思力。他用一个个经历的、遇到的、听到的教育故事,引发深入的思考。看完之后,我感慨万分,如果再早一些读到这本书,或许本身会成长得更快。他那种"每天坚持写500字"的坚持不懈和持之以恒的反思精神,"把工作当学问、把写作当常态"的研究习惯,对幼儿园教师有非常大的参考价值。一提到专业发展,想得最多的就是《幼儿园教师专业标准(试行)》,它从专业理念和师德、专业知识和专业能力深刻地阐述了作为一名幼儿园教师必须具备的基本素养。然而对于幼儿园男教师而言,其专业发展的路径相对有着特殊性。针对幼儿园男教师专业发展的论文比较多,但大多数是在呼吁关注这一群体及其困境,或者以调查问卷或访谈的形式深入探究男教师的生活史,尝试找出其在幼儿园职业情境下的困境的解决方法。但相对来说,访谈者所述情境的真实性受"会对自身产生不良影响"的影响,另外研究者作为旁观者角色,对于幼儿园男教师很少用自传体的形式对自身展开研究。专门针对幼儿园男教师专业发展的书籍较少,幼儿园男教师大多靠自己在实践中"摸石头过河",或者参与幼儿园的培训或实践,相对缺少专门的指引书籍。

本书把作者自己在幼儿园的职业困惑和专业发展经历写进去了,虽然我的简介并不算十分优秀,但我在幼儿园坚守了二十多年,作为一个"过来人",我觉得有资格作为一个"被研究对象"。另外,尽管本书内容大多受到自身"职前专业"和从事教学管理工作的影响,不能面面俱到,仅在本书做抛砖引玉，读者可以此类推，作为比较。本书参考罗树庚老师《教师快速成长：专业发展必备的六大素养》一书的特点，针对幼儿园男教师专业发展中常见的发展困境，以自身作为"被研究者"，同时对自己较为熟悉的幼儿园男教师进行调查研究，以叙事的形式夹叙夹议，以真实发生的情境和个人真实体验为背景，提出了幼儿园男教师应具备"五力"基本素养，目的仅为研究幼儿园男教师专业发展提供一些思路和参考。

为提高可读性，作者多次对书稿进行修改和设计，尽量减少学术性术语、概念性术语，用并无新意但"可以看懂"的生活化的语言去阐述思考和故事，采用故事和案例的形式夹叙夹议，希望能给幼儿园男教师及其研究者、幼儿园管理者提供一些原汁原味的思考和资源，激发幼儿园男教师前进的动力，为研究者提供一把粗糙的"钥匙"，为园长提供管理男教师的思路。本书按照一定的体系去写，重点体现幼儿园男教师应具备的独特发展素养，但也会结合幼儿园女教师共需的专业要求较为全面地研究探讨。有些内容在各部分有所交叉，读者也可以跳着读，也可以摘取里面的故事读。自我修炼的目的是追求做卓越的教师，但并不是为了另辟蹊径，"卓尔不群"，是为了通过自我修炼快速适应幼儿园的职业生活，不断超越自我，实现男教师的职业理想和心中抱负。

徐佃伟
2023 年于广州越秀

目录

绪论 ………………………………………………………… 1

第一篇 意识上的蜕变:认同力

第一章 "破局"身份认同 ……………………………… 7
职业:性别之"差" ……………………………………… 7
幼儿:成长之"需" ……………………………………… 9
管理者:管理之"重" …………………………………… 10
男教师:困境之"局" …………………………………… 12
多方:破局之"策" ……………………………………… 16
调查:认同之"析" ……………………………………… 18

第二章 "跨越"专业认同 ……………………………… 28
环境:思维之"束" ……………………………………… 28
专业:立足之"本" ……………………………………… 30

第三章 "点亮"教育信念 ……………………………… 32
信念:教育之"基" ……………………………………… 32
启示:蜕变之"力" ……………………………………… 34

第二篇 品质上的蜕变:坚毅力

第四章 "突围"性别困境 ……………………………… 41
现实:"骨感"之"态" …………………………………… 41
园长:"妈妈"之"暖" …………………………………… 44

  意志:初心之"坚" ……………………………………… 46

第五章 "坚守"阳刚之气 ……………………………… 48
  融入:"同化"之"危" ……………………………… 48
  幼儿:"阳刚"之"法" ……………………………… 50

第三篇　态度上的蜕变:亲和力

第六章 "凸显"君子品格 ……………………………… 55
  君子:为师之"道" ………………………………… 55
  外修:亲和之"力" ………………………………… 57
  内修:上善之"水" ………………………………… 59
  沉潜:倾听之"静" ………………………………… 61

第七章 "踏实"憨厚之风 ……………………………… 63
  秉性:奉献之"姿" ………………………………… 63
  态度:赤诚之"态" ………………………………… 64
  行动:服务之"美" ………………………………… 67

第八章 "彰显"温柔一面 ……………………………… 69
  掠影:柔情一"瞬" ………………………………… 69
  温柔:男性之"需" ………………………………… 71
  爱心:温柔之"本" ………………………………… 73

第四篇　思维上的蜕变:规划力

第九章 "借助"改革之力 ……………………………… 79
  政策:善借之"力" ………………………………… 79
  取向:阶段之"特" ………………………………… 82

第十章 "凸显"规划之力 ……………………………… 85
  自知:规划之"明" ………………………………… 85
  认知:规划之"源" ………………………………… 91

第十一章 "夯实"规划管理 ········· 105
　　构建：发展之"态" ················ 105
　　管理：规划之"实" ················ 107

第十二章 "彰显"团队协同 ········· 112
　　师傅：徒弟之"梯" ················ 112
　　"贵人"：助力之"鼎" ·············· 118
　　男团：协同之"暖" ················ 119

第五篇　行动上的蜕变：践行力

第十三章 "践行"学习之道 ········· 123
　　读书：跬步之"积" ················ 123
　　"饥饿"：学习之"力" ·············· 124
　　行动：想象之"虚" ················ 125
　　实干：解困之"策" ················ 126
　　施压：担子之"重" ················ 129
　　谦学：博专之"兼" ················ 132

第十四章 "践行"反思之道 ········· 135
　　收放：意义之"寻" ················ 135
　　思过：安全之"责" ················ 138
　　跨越：领域之"界" ················ 144
　　移植：创新之"策" ················ 148
　　拓展：触类之"通" ················ 149

第十五章 "践行"研究之道 ········· 154
　　课题：无利之"为" ················ 154
　　问题：研究之"目" ················ 157
　　园长：幼需之"靶" ················ 160
　　跨界：赋能之"力" ················ 170
　　优势：发挥之"极" ················ 175

参考文献 ………………………………………………… 183
附录 ……………………………………………………… 186
  附件 1 访谈提纲 ………………………………… 186
  附件 2 调查问卷 ………………………………… 188
后记 ……………………………………………………… 196

绪　　论

　　幼儿园男教师职业发展之路必须面对三个问题：我是谁？修炼什么？怎么修炼？《幼儿园教师专业标准(试行)》(以下简称《专业标准》)给出了答案：第一，我是谁？要做好职业身份的自我认同，认同幼儿园教师的专业性和独特性。第二，修炼什么？幼儿园教师要将《专业标准》作为自身专业发展的基本依据，即教育理念与师德、专业知识、专业技能。第三，怎么修炼？制定自我专业发展规划，爱岗敬业，增强专业发展自觉性；要大胆开展保教实践，不断创新；要积极进行自我评价，主动参加教师培训和自主研修，逐步提升专业发展水平。《专业标准》给出幼儿园男教师专业发展的核心指标，同时也应看到男教师专业发展的独特性，除了普适性、全面性的学习和践行《专业标准》外，还应结合男教师因性别特点引起的职业适应困境，采取有针对性、个性化的措施促进男教师的快速成长。

　　本书除了采用文献法、调查法(调查问卷、访谈)等研究方法外，还主要采取了叙事的方法，即教师叙述个人的成长经历及自己教学实践的反思和改进。在前人研究的基础上，突出强调个人经验的原始性、情境性和真实性，更加体现了真实情境下个体的感受和情感。本书从幼儿园男教师专业发展的特殊性和独特性入手，结合具体真实的案例，提出男教师专业发展"五力"核心素养，以尝试解决幼儿园男教师专业发展的困境。

　　《专业标准》提出了师德为先、幼儿为本、能力为重和终身学习基本理念，具体提出了国家对合格幼儿园教师专业素质的基本要求和实施保教行为的基本规范，《专业标准》是引领幼儿园教师专业发展的基本准则。"五力"就是根据《专业标准》进行提炼，同时结合幼儿园男教师专业发展的特殊性和独特性,提出的幼儿园男教师专业发展的自我修炼手册。"五力",即认同力、坚毅力、亲和力、规划力、践行力,体现了幼儿园男教师必须把握的"拳头"力量。"五力"体现了男教师应该具有的五种力量,体现了男教师较为独特的专业发展特点。认同力体现了男教师的初心、使命和理想;坚毅力体现了男教师的坚强、毅力;亲和力体现了男教师要融入、协同和进取;规划力体现了男教师要有目标、路径和动力;践行力体现了男教师要有真学习、真实践、真反思。认同力、规划力、坚毅力和亲和力是促进幼儿园男教师专业发展的必备能力和前提基础,践行力是促进幼儿园男教师专业发展的必备能力和核心要素。亲和力是认同力实现、规划力实施的润滑剂,具有调和作用。认同力是规划力、坚毅力的前提条件,规划力又促进认同力、坚毅力的稳固。学习、反思和研究形成完成的践行循环链条,是前四者实现专业发展的必经之路。促进幼儿园男教师的身份认同、优化职业规划、增加亲和力、保持坚毅力和落实践行力,必将成为幼儿园男教师专业性发展的重要抓手。

幼儿园男教师在职业成长的过程中,需要具备认同力、坚毅力、亲和力、规划力和践行力这五种力量。这些力量有助于他们面对职业困境、破解职业壁垒、展现职业价值。对于幼儿园男教师而言,面对职业认同、职业适应的困境迫切需要认同力、坚毅力、亲和力、规划力和践行力这五大核心素养,是突破自身专业发展的个性需要。认同力指幼儿园男教师应具备职业认同感、专业认同感,面对来自社会认同、社会性别认同等压力,应具有良好的心理调试和合理认知,以突破专业发展困境,增加自身身份的认同感和归属感。规划力指幼儿园男教师在提升认同力的基础上做好职业规划,设定自身专业发展的目标,突破专业发展困境,提升自身专业发展动力和自我效能感。坚毅力指幼儿园男教师在职业生涯中始终保持的持之以恒的精神,不能半途而废,更不能一蹴而就,是贯穿职业生涯的精神力量。亲和力指幼儿园男教师融入幼儿园教师群体、面对教育对象和家长群体时,应该持有的阳光、正能量的态度和行为表现,突破性别壁垒的束缚,快速融入职业生活的一种能力。幼儿园女教师也应具备这四种力量,但相对而言,幼儿园男教师会更加迫切。男教师在认同力、规划力、坚毅力和亲和力的基础上,不断增强自身的践行力,才能真正实现专业的高质量发展。

王国维先生在《人间词话》中提出"人生三境界":"立""守""得",只有下定决心立好志向,并长期坚守下去,势必会有所"得"。王国维先生提出做学问的三种境界:其一,"昨夜西风凋碧树。独上高楼,望尽天涯路",做学问要耐得住寂寞,虽然孤独而迷茫,此为第一境界。其二,"衣带渐宽终不悔,为伊消得人憔悴",做学问要坚毅执着、不言放弃,哪怕苦楚而"憔悴",此为第二境界。其三,"众里寻他千百度,蓦然回首,那人却在灯火阑珊处",做学问有所"得"的顿悟,带来的必定是快乐和喜悦,此为第三境界。只有"立得起""守得住",方能"得其乐"。不要"忧郁寡欢",不要"闷闷不乐",我们应该扪心自问:我们有没有志向?能不能坚持下去?如果没有何谈发展之说!

"大雪压青松,青松挺且直",每一位男教师的发展虽然有着个性差异,但只要有"青松"的精神、君子的品格,就一定能有一番自己的成就。既要有一股坚毅的力量,又要保持亲和的态度;既要有科学规划发展的路径,又要有大胆践行的魄力。认同力、坚毅力、亲和力、规划力、践行力,"五力"在手何所愁,成就事业在前头。

第一篇
意识上的蜕变：认同力

　　作为一名幼儿园教师，我深刻地理解幼儿教育事业的重要性和影响力。每个孩子都是独特的个体，我充满热情地关注每个孩子的成长成就，并用自己的爱心和专业知识来指导和支持他们的发展。我的职责不仅限于教授知识，还涉及孩子们的全面发展，包括对他们的身体、智力、情感和社交等各方面的关注。作为一个教育者，我严格要求自己，不断提升自己的专业知识和技能，为孩子们提供高质量的教育和关怀。

　　在我看来，幼儿教育是一项独特而美好的艺术，需要倾注大量的时间和精力，也需要感受每个孩子的独特风采并引领他们朝着正确的方向发展。我珍视每个与孩子们相处的机会，并用我的微笑和爱心为他们点缀童年记忆，鼓励他们自信地面对生活中的各种挑战。

　　我对幼儿教育事业有着深深地热爱，将倾尽全力为每个孩子的未来做出积极的贡献，同时也希望我的专业知识和服务能够在孩子们的心间留下最美好的记忆和印记。

第一章

"破局"身份认同

职业:性别之"差"

幼儿园女教师"一通天下",所以多以"女儿国"形容幼儿园教师。为什么幼儿园教师性别差距如此之大。我们可以通过性格对比了解差异之因:女教师更加细腻、细心、有耐心,更容易关注到幼儿个体的差异和身心细微的变化,保育能力强。

女教师更善于换位思考,设身处地照顾幼儿的感受,具有较好的亲和力。女教师在语言表达方面具有天生的优势,而且随着职业生涯的锻炼,语言表达的能力越来越突出。幼儿园工作相对来说更为繁杂琐碎,需要幼儿园教师有足够的爱心和耐心,女教师更容易发挥其心思细腻、温柔可爱等特征,更容易得到家长和幼儿的喜爱。相对而言,男教师较为理性、缺少女教师的细腻情感,比较"粗枝大叶",相对来说,男教师在耐心细心方面是难以和女教师相媲美的。在访谈中,幼儿园男教师 G 老师说:"一般来说幼儿园比较重视教师'吹拉弹唱'等艺术技能,相对来说是女教师比较擅长的,而男教师此方面相对薄弱。女教师这方面的技能和素养可能会比男教师好一些,跟家长和领导相处方面,女孩子的情商会相对高一些。虽然我们是农村幼儿园,但我在长沙实习过,压力比较大,专业能力和专业素养方面要求会高一些,女孩子看孩子的能力会强一些。"

但男教师在性格上相对比较阳刚、坚毅、豁达、幽默,思维较为活跃,有创造力。男教师受家庭影响较小，顾虑较少，容易把工作当事业看待，有较强的职业追求。但相对而言，女教师能够以良好的心态面对工作，工作稳定性较强。男教师在空间思维和抽象思维方面相对有优势，动手操作能力较强，善于拆装、修理，男教师善于身体力行，用示范身体动作或实践来弥补语言能力的不足。大多数男教师都较为豪爽、洒脱，身体更有力量感，在较多女性的环境中，幼儿更能眼前一亮。特别是在户外活动时，男教师更容易放得开，与幼儿打成一片，不拘小节，让幼儿更有"撒欢儿"的机会。男教师虽然口才相对不如女教师，但男性的声音较为低沉厚重，正是这种低频的声音具有自身的特色。户外活动时，男教师的声音又相对洪亮，在空旷的户外更有"冲击力"和阳刚之气。站在管理者的角度，男性也有男性的优势，在接受访谈时一名幼儿园男园长说："女园长可能会细致一点、更加体贴一点，男园长可能更加豪放一点，没有在一些事上太过于斤斤计较。老师在面临比较细致的事情时，作为女性园长就是姐妹之间聊天，可能会聊得开一些。男园长在管理的时候不要过硬，要照顾女老师的感受，从男性角度来考虑问题的时候，要注意是不是没有考虑周全，比如，布置工作、教师间谈话等，因为男园长讲究男性的风度，可能或多或少有所顾忌，没有女园长那么方便。"

社会性别理论强调了社会文化对性别差异的影响，指出因性别引起的社会期待。这种固化的性别刻板印象，造就了从小对孩子的培养存在着性别差异，包括教养态度、方式和习惯都大不相同。不同性别在成长中都被社会文化赋予了不同的社会期望，"男主外，女主内"，男性负责"挣钱养家"，女性负责"相夫教子"，这种性别不平等、错误的期待以及职业本身的特点，造就了职业中性别数量的差异。护士、幼师、护工等大多由女性群体组成，而厨师、建筑、警察等大多由男性群体组成，这些都体现了职业本身的特点，同时也体现了社会对不同性别的期望。不同性别进入异质的环境，对现有的社会职业期待造成冲击，引起社会性别的刻板印象，比如，"警察中女性叫警花，幼儿园中男性叫葱花"的认知，体现了性别差异引发不同认知。但在职业发展前景方面，男女教师没有太大的区别。一名男教师在接受访谈时说："实际上，在职业发展前景方面，男教师和女教师是没有很大区别的。其实我们只要进入这个体制内，是可以调动的，假如你有小学教师资格证，就可以去小学，这个对男教师女教师都是一样的，没有区别的。"

大多数男教师性格相对急躁,喜欢"短平快",有成就感、挑战性的工作,而教育是个"精工细活",需要足够的耐心和恒心,也不是一下子就有非常明显效果的职业。平平淡淡才是真,这种平淡不是指"不上进"的躺平状态,而是"甘于坐冷板凳"的对教育的耐心和恒心,甘于"平淡"却不平淡。

幼儿:成长之"需"

模仿是孩子的天性。幼儿园教师是孩子模仿的重要对象,无论是语言还是肢体动作,无论是表情还是行为表现,无论是好的还是不好的,都是孩子模仿的"榜样"。而在以女教师为主的环境中,在幼儿园除了保安叔叔以外,孩子模仿的对象基本都是女性。一言一行,就像镜子一样映射在孩子的心中,并通过自己的行为表现出来。幼儿园需要男教师,这已经成为一个不争的事实。正如一个家庭有爸爸、妈妈一样,从不同的方面潜移默化地影响着孩子的发展。

小班幼儿面临入园焦虑的困扰,小班新生入园的前两周往往是哭闹最厉害的时候。一次,我被派到小班协助照顾新入园的孩子。记得有一个男孩子哭得特别大声,几个老师轮番上阵安抚,都没能把他"拿下",这时几个老师看向了我,"来吧,你也来试试"。我慢慢走过去,什么也没有说,什么也没有做,只是坐在他的身边。他突然不哭了,面对着我说:"爸爸,我要回家!"对于我一个20多岁的未婚男生来说,有人叫我爸爸,甚是尴尬,但那个男孩子的手始终拉着我不放。至今我还记得那张纯真、可爱的脸。"只要拉着我的手,他就马上不哭了",虽然我什么也没说没做。就这样我在班上多待了一个星期,我陪他吃饭、玩游戏、玩玩具,直到孩子顺利度过焦虑期,我才离开。孩子不仅需要妈妈温柔的怀抱,还需要爸爸坚强的臂膀。"父亲是一座大山",正是这座"大山"给孩子带来了安全感。

蜕变的力量：给男幼师的成长建议

管理者：管理之"重"

将男教师"引入"幼儿园，给幼儿园管理者带来不小的挑战。园长作为幼儿园的主要管理者，对男教师的管理非常"上心"，无论是什么表现的机会，都少不了男教师的份，给男教师的专业发展积极搭建平台，无微不至地解决男教师的后顾之忧。然而对男教师的管理都是"摸着石头过河"，往往采取和女教师统一模式的管理，这种"一刀切"的管理模式的确有利于幼儿园的统一管理。然而男教师要面对的不仅仅是专业发展带来的压力，更多的是职业带来的性别困境。园长对此也往往"有心无力"，有时候还会"好心办坏事"。

一名接受访谈的男教师说："在一群女孩子中间，那种压迫感我是实实在在体验到的，因为我是读学前教育专业出身的，实际在读书的时候已经习惯了，可以说是见怪不怪，或者是免疫状态了。如果其他专业的男教师肯定就不太习惯，特别是刚开始的时候，所以其他专业进来后反而适应会更加困难一些。"实际上，在职业生涯初期，我也很难融入幼儿园女性的环境之中，不是幼儿园和同事们"不好"，而是自身处于女性环境中的"窒息感"。我从一个几乎全是男性环境的体育学院，来到几乎全是女性环境的幼儿园，这种反差打了我一个"措手不及"。选择幼儿园并不是我的初衷，应该说是"阴差阳错"，填报工作意向时我填了"中学、小学或幼儿园"，当时只是为了提高命中率，然而却偏偏选中了我。我一度想要逃离，也多次和同事们聊天的时候流露过心声。"幼儿园只是跳板"，这也许是我择业时的一个备选项。在入职的一两年，我一度陷入"进退两难"的困境，不知道如何才能坚持下去，也不知道该退往何处。园长得知了我的想法，和我进行了一次谈心，最后语重心长地表示希望我能留下来。我开始适应幼儿园的生活，无论在专业发展还是在环境融入，逐步克服了自身原因带来的各种不适。一天我突然接到一个电话，是一名小学校长打过来的，询问我要不要到她们小学去工作，是幼儿园园长推荐的，这一下子打了我一个措手不及。"园长这么不喜欢我"——我内心第一个念头，"去还是留"——让我一下子陷入困惑。后来得知是园长的一番好意,想给我提供这个"跳板",然而在当时的我心里却成了一个心结。也许是因为固执,我直接拒绝了,心里暗暗使劲:一定要混出个样子来,一定要"出人头地",证明自己是最好的。正是这一留,才有了现在的我。

每逢评估或上级视察,男教师总会被当成一个优势资源来介绍,"我们幼儿园有男教师,能给孩子们带来阳刚之气"。对当时的我而言,真的不是优势资源,只不过是一名男性的教师而已。管理者对男教师在管理上的"无策",造成形式上对男教师的重视,而在事实上是忽视的状态。这种状态不是园长造成的,而是男教师本身造成的,是男教师对职业认同度不高造成的。同时幼儿园的工作多为照顾照料,当时还是以"吹拉弹唱"艺术为主,给男教师带来一定的心理压力。无论是工作带来的压力,还是性别带来的孤独,男教师急需释压的渠道,但面对都是异性的环境,只能憋在心里。被访的一名男教师说:"我觉得可能还是这个专业能力方面,比如说带班,幼儿园园长也好,行政管理也好,基本上都是女性较多,多少可能有一点求稳的感觉。"

男教师的品行也是园长要考察的重点,这种考察不是对男教师的不信任,而是针对社会上关于男教师的负面报道,园长不得不为之的管理措施。我记得有一次入园时段,我负责组织幼儿开展早锻活动,好多小朋友一见到我就扑到我的怀里,活把我当成一个"大玩具",早锻后园长找我谈话,旁敲侧击提醒我要注意性别差异,特别是小女孩,要学会保护自己。从那以后,我们开始研究如何和女孩子保持"距离",比如在体育活动中,要握拳采取保护与帮助,如果有女孩子抱你时要学会把手打开等。这些实践中形成的方法,也陆续在男教师之间传开,我们既做到"内心干净无愧于心",又要注意"外在表现不产生误会"。

实际上,男教师在适应幼儿园职业生活的过程中,幼儿园管理者也在适应新的管理方式。无论如何,大家要学会宽容,给对方一点时间。"却顾所来径,苍苍横翠微",回首走过的路,所有的一切,都是最宝贵财富,男教师是,管理者也是。

男教师:困境之"局"

幼儿园男教师在教育界中的身份认同问题十分突出。这是由于传统观念认为幼儿园教育是女性的事业,男性涉足幼教行业往往会被质疑其性别角色认同。幼儿园男教师应该通过多种途径,如增强教育知识储备、提高专业技能水平等,来强化自己的职业身份认同。

在幼儿园教育中,男教师的数量一直处于较低的水平,这使得他们的职业身份认同感受到了巨大的挑战。对于男教师来说,要在女性为主的幼儿园教育团队中找到自己的定位和认同感是一大难题。此外,社会对男性从事幼儿园教育的认知仍然停留在传统观念,认为这是女性的专业领域,男性不应从事此项工作。幼儿园男教师在职业专业上的认同感面临着很大的挑战。首先,幼儿园教育是一项女性为主导的领域,教育方法和方式也多以女性为主导。而男教师的性格、行为方式与女性有所不同,导致二者在教育中存在差异。其次,幼儿园教育中的工作内容主要是负责孩子的照顾和生活管理,而不是传统的教学任务,这也使得男教师在专业上感到难以得到认同。教育信念是教师职业发展过程中不可或缺的因素。对于幼儿园男教师而言,坚定的教育信念可以帮助他们克服种种困境和挑战。教育信念可以激发男教师的工作热情和责任心,提高他们在工作中的自信和专业素养,同时也能让他们更好地融入幼儿园教育。

在对幼儿园男教师的访谈中,有位来自湖南乡镇的男教师说:"其实我当初首选这个专业,可能是因为这个专业给了我一定优势。这个专业男性比较少,当初考试因为选择这个专业才被选上去。我是学前教育专业的委培生,如果当时选的是小学教育的话,各方面要求又稍微高一点,男性可能不存在优势,选择学前教育就可以利用性别优势考上了,因为只有全县拔尖的成绩才能进入委培。"他说:"尤其在我们乡下,社会可能会对中小学男教师接受度更高一点。我当园长的时候和校长们一起出去,当地村民对校长更加尊重一些。"

尽管在现代社会中,幼儿园男教师职业逐渐被接受,但他们仍然需要应对身份认同上的困境。男性幼儿园教师在职业发展过程中需要面对现实的问题和挑战,从职业生存的角度来看,男性幼儿园教师的生存现状并不乐观。一方面,由于幼儿园教师被视为女性职业,这让男教师的身份认同遭受了来自社会和家庭的压力;另一方面,由于幼儿园男教师在工作中面临独特的挑战和困境,这也让他们在职业身份认同上产生了一些困惑和焦虑。除了身份认同,幼儿园男教师在职业专业认同上也面临着困境。作为一个以女性为主导的职业,幼儿园教师的专业知识和专业技能更多地是围绕女性的特点和需求而设计的,这让男教师在职业专业认同上更加困难。教育信念是幼儿园男教师克服职业认同困境的核心要素。幼儿园男教师需要坚定自己的教育信念,坚持自己的教育理念和方法,积极探索和创新,不断提高自己的专业素养和实践能力。

幼儿园男教师职业身份认同度的高低,在宏观上来说,在于社会对幼儿园男教师的社会认同是包容的、认可的、接纳的,还是刻薄的、偏激的;在中观上来说,园所文化对男教师这一群体或角色的认同和包容的程度是正向的还是负面的;在微观上来说,男教师个体面临性别差异或专业困境是主动适应还是逃避退缩。这需要社会、幼儿园和教师个体三方的合力。职业身份认同是指个体对自我身份的认知和认同,一般包括自我认同和社会认同。幼儿园男教师的身份认同就是对自身作为幼儿园教师这一身份的认知和价值取向,认同自身角色并归属于该群体,并从行为上予以符合该角色的行为。幼儿园男教师面临幼儿园教师的身份感缺失,对于幼儿园群体的归属感低下以及对于从事该职业的意义感无助。让幼儿园男教师在心理上缺少能发展的动机,缺少内在的信心和内驱力。幼儿园男教师身份认同的缺失使其陷入"无根"境地,提升幼儿园男教师的职业身份认同迫在眉睫。

国内外有关"教师职业身份认同"的研究非常多,多集中在从关注社会外在"规范论"的弊端到关注教师内在"存在论"的优势,更多注重教师的内在需求和真实心理状态。但对如何推动和实践的具体方案相对较少。对于职业身份认同的研究多集中在中小学教师的研究,对于幼儿园教师身份认同的研究较少,对于幼儿园男教师职业身份认同更多的是从成因和影响因素上加以分析,实证性探索幼儿园男教师内心需求和心理状态从而重塑男教师身份认同的相关研究更少。从已有研究发现,对于从事幼儿园教师这一职业的选择,原因有以下几种:因专业限制、分数较低或性别优势而选择学前教育专业,毕业后主动从事幼儿园这份职业;工作难找、生活压力大,不得已选择这份稳定的工作;盲目选择,阴差阳错进入该行业。不管什么原因,无论主动的、被动的还是盲目的,都不是因为幼儿园教师的地位高而进入的。

幼儿园男教师的职业身份认同包括自我认同、他者认同和群体认同三个方面。在社会学中三者内涵有所区别:首先,自我认同是自我对身份概念与内涵的觉知,是个体主观层面的理解;其次,他者认同是他人对个体身份的理解与认可程度,是个体身份内化的一种主体间质,即当个体自我对身份的认知与他者对身份的认知一致时,个体容易形成较高的认同感,反之,个体身份认同感较低;最后,群体认同是指个体与所属群体之间的归属关系,考察个体身份是否与群体成员身份保持同一性,倘若个体身份与群体成员身份同一性程度较高时,个体认同感与归属感较高,反之,则个体的身份感、归属感与认同感较低。

心理场论理论提出了个体生活空间环境和个体内在心理环境的关系。个体与其生活空间的格式塔整体的观念,整体中的一部分的变化都会引起另外一部分的变化,类似"蝴蝶效应"。整体中部分的变化,表现出这个心理"场"中个体心理的变化。幼儿园男教师所处的生活空间中各因素的变化影响着男教师人际关系、心理期待和理想信念等的内部心理,从而影响个体的身份认同和归属感的水平。

社会认同理论提出了个体与群体之间联系而又制约的关系。通过群体分类分为个体所属的内群体和非个体所属的外群体,个体对自身所处的内群体处处维护并产生共鸣,对外群体则予以抵触排斥。个体再通过社会比较产生归属感或逃离,当个体无力改变内群体现状和危机,被迫逃离进入更适合的外群体以得到更好的归属。社会认同包括他者认同和群体认同。"物以类聚,人以群分"。社会认同实际上是把幼儿园男教师个体心理和幼儿园乃至社会的群体心理联结起来,指明个体的群体归宿。

库里的镜像理论提出:"镜像自我能让个体获得一个外源性的有关自我身份的认知,其通过不断修正,改变个体自我的身份认知,从而获得自我或他者所认可的身份。"可以看出,自我认同和社会认同是互相联系、互相制约的。面对幼儿园教师这份职业,幼儿园男教师要追问自己三个问题:我是谁?我从哪里来?我要到哪里去?这三个问题实际就是从身份的确认到身份的归属的自我内化的过程。这三问也是审视自己的过去,展望自己的未来,如何脚踏实地地面对现在。确认自己是幼儿园男教师这一身份并努力去建构这一身份,从而达到对该身份的认可。

幼儿园教育的特殊性质决定了男教师的重要性,男教师应该成为幼儿园教育中的一道亮丽风景线,这也是幼儿园教育的必然要求。幼儿园男教师可以通过自身专业发展,不断完善自己的教育教学能力和专业素养,以更好地服务于幼儿园教育事业。面对历史存在的"偏见",一部分幼儿教师并未抛弃个人立场,而是发挥自我的主观能动性,发掘男性作为幼儿教师的价值,发现自己在幼教场域中的未来发展潜力与空间,形成正向的性别身份自我理解。

幼儿园男教师的专业成长不仅仅是自我提升,也需要外部力量的支持。在宏观层面上,国家政策的倡导以及社会层面对男教师的支持都是必要的。近年来,国家已经出台了一系列政策,鼓励男性从事幼儿园教育工作。例如,2019年《中小学教师职业发展规划(2019—2025年)》提出,"加大男性幼儿园教师的引进和培养力度,扩大幼儿园教师队伍"。在社会层面上,需要广泛宣传男教师在幼儿园教育中的重要性和关键性作用,并消除对男性从事幼儿园教育工作的偏见。在微观层面上,幼儿园的支持对男教师的专业成长也至关重要。园长和同事的支持和认可,可以让男教师在工作中更加自信,提升专业素养和职业发展能力。同时,幼儿园也应该提供多样化的培训和发展机会,以满足男教师的专业需求。

幼儿园男教师的专业成长是幼儿园教育事业发展的必然要求,也是男教师个人职业发展的需要。男教师应该重视自身的专业成长,加强自我认同、坚毅品格、亲和力、规划力和行动力等方面的培养,同时也需要国家政策和社会支持的倡导和引导,以及幼儿园的支持和认可。相信在各方力量的共同努力下,男教师会在幼儿园教育事业中发挥更加重要的作用。

多方:破局之"策"

幼儿园男教师本身面临职业困境时,应该改变以往所持有的认知和态度,正视所面临职业和自身性别的矛盾和挑战,强化自我意识的反思,积极适应和直面所处的职业环境,勇于解决困难和矛盾带来的挑战。同时也应该有合理的认知,面对自身成长的机遇和挑战,男教师要学会自我建构,"没有反思意识,没有问题就是最大的问题",专业发展路上的种种藩篱,恰恰是个人成长的挑战机遇。只有有问题意识、反思意识,善于思考、主动超越,才能不断打破发展的藩篱,不断实现专业发展的机会。应主动摆脱来自社会或园所及他人带来的影响,通过不断夯实自身专业来提升自我的价值感,要有"他强任他强,清风拂山岗,他横任他横,明月照大江"的境界,通过心理调试积极主动化解职业身份认同的危机。在访谈中,对于"如何平衡就我们的工作和生活"的问题,刚入职的男教师大多表示,没有孩子的压力和负担,平时通过自己"打打球""吃宵夜"来解压。对于有孩子或需要照顾的家人的男教师,他们则通过"听听音乐""独处一会"等方式来解压。但他们大都对这份工作的稳定性、时间规律等职业特点比较满意。一名男教师在接受访谈时说:"男教师要提升在这个职业的竞争力,就是自己要有一门过硬的专业技能,比如现在很吃香的男体育教师,这个方面就比较突出。其实只要你有一方面过硬的专业素养和专业能力,很多人都会认可你。也只有得到认可,你才会有很好的发展空间。"

无论是社会认同的"规戒"还是自我认同的"建构",都是幼儿园男教师做好身份认同的路径。除了社会认同和自我认同以外,专业认同也是促进教师做好身份认同的重要因素。幼儿园男教师也越来越受到社会、家庭和学校的重视,比如,从"幼儿教师"到"幼儿园教师"称谓的改变,体现了社会对幼儿园教师群体的重视程度越来越高;从把幼儿园教师刻板归属于"看孩子的、保姆、阿姨",到真正归属教师群体的转变,也体现了幼儿园教师专业地位的提升和合理定位。社会不再像之前那样"戴着有色眼镜"来看待这一特殊群体。这些转变也为提升男教师的职业身份认同增加了助力。

第一章 "破局"身份认同

管理层面要主动优化管理方法。积极期待会带给男教师更强的自信心和内驱力,避免消极期待给男教师带来的压力。幼儿园对男教师的管理方面,应该更加重视男教师的情感,多打"情感牌"。特别是园长,要和男教师沟通交流,因为在面对面交流中,男教师能更加直接地感受到园长关心。"亲其师,亲其道",对于男教师尤为明显,园长和男教师心离越近,男教师越有动力、越有自信。男教师会更加懂得付出,不求回报,只为对得起园长的期待,这是男教师特有的"义气"之心。园长每天花 10 分钟与男教师聊天,可能会收到意想不到的收获,化解意想不到的意外。园长对男教师的这种关注敏感度,不应用在对男教师性别的不信任、对男教师保育能力的担心,而是给予足够的信任,反而会有不同的收获。男教师会更加严格要求自己,主动克服困难"做好事情",主动学习、主动思考、主动请教、主动改错。很多幼儿园男教师不是累走的,而是"气"走的。这个"气"不单是生气,还包括无法倾诉的憋气、闷气甚至怨气,这些"气"大多数来自行政管理的艺术性不够,或者缺少来自行政的认可。在接受访谈时,一名男园长说:"只要老师们自己想进步,愿意去成长,我都会尽我所能帮助他们,包括各方面的联系、衔接,或者教研、培训等,我都会尽可能帮他们去实现,促进他们的进步。但主要最怕他们自己没有想法去进步,这些才是最担心的。比如自己有想做点事情的想法,同时要改变现状,这种蜕变的动力内心必须有,如果没有别人怎么拉也拉不动你。"

夏巍博士(2022)从自我和他者的关系提出四种身份自我理解的类型:自我赋能、他者赋能、相互排斥、共生赋能。每种类型表现出不同的形态和特点。自我赋能表现为向内的单一性理解、忽视身份理解的他者维度,具有发身性和高自尊的特点。他者赋能表现为向内的单一性理解、忽视身份理解的自我维度,具有为他性和重奉献的特点。相互排斥表现为反向理解、忽视身份理解中的平等对话,具有排斥性和自我放弃的特点。共生赋能表现为双向理解、重视身份理解中的互通共融,具有相融性、携手共进的特点。

以上四种类型中,自我赋能是孤芳自赏的理想状态,相互排斥是排斥放弃的最差状态。然而在现实当中,相互排斥往往是比较常见的,特别是在职业初期,所以对男教师有针对性的培训和引导至关重要。"不要让新手男教师迷路",这也许应该是每一位园长要思考的问题,切实转变男教师对身份的正面理解,防止新手阶段流失的"重灾区"。他者赋能型虽然为他人而存在,但这种"螺丝钉"精神是每一名男教师必须具备的一项素质。只有心中有他人,才能得到他们的尊重。奉献是无私的,男教师必须挺起胸膛、敞开心胸,做一名"只求付出不求回报"的奉献者,或许一切会"水到渠成"。共生赋能型是共生、共长、共赢的一种与他者的积极互动状态,是自我动机与为他服务的动力产生的"合力"。这是一种良好的学习共同体的状态,每个人都是获得者又是贡献者,围绕共同的目标积极付出和获取。自我赋能型是自我认知几乎不受他者影响,一种"不用扬鞭自奋蹄"的状态。相比他者赋能型,自我赋能不是成为他者心目中的好教师,而是成为一名好幼师、好园长,做专业工作者的终极目标,更加注重自身的内部力量,不以他人而转变。但这种对他者不太关注的"孤独的前行者",呈现出一种排他关系,批判他者、肯定自我,"不管外边熙熙攘攘、狂风暴雨,我依然坚定目标不断前行",体现了个体强烈的内驱力。

自我和他者的"排他""为他""对立""共融"四种关系,体现了对身份理解的各种动态关系。从职业初期的对立到奉献他人的为他关系,从自我肯定的排他到利益共存的共融关系,都体现了男教师在职业生涯规划过程中的自我和外界关系的"较力"。从这种"较力"到"握手言和",从自我和他者,变为"我们",对内既有自我发展自觉,对外又有团队发展协力。

调查:认同之"析"

一、调查对象基本情况描述

本研究中的主要被调查对象为广东省内幼儿园男教师,共发出问卷73份,回收有效问卷71份。其中45.07%的人年龄在21~30岁,42.25%的人年龄在31~40岁,12.68%的人年龄在41~50岁,没有人选择20岁以下或50岁以上。在这71人中,本科学历的人数最多,占比77.46%,其次是研究生和大专,分别占比11.27%。中专以下的学历没有人选择。可以看出,受访者的学历普遍较高,大部分人都拥有本科及以上学历。学前教育专业的选项被选择了 30 次,占比为 42.25%;非学前教育专业的选项被选择了 41 次,占比为 57.75%。因此,可以得出结论:非学前教育专业的人数略多于学前教育专业的人数。公办园是最主要的幼儿园性质,占比达到 87.32%;民办园的占比为 8.45%;其他幼儿园性质的占比为 4.23%。可以看出,公办园是最受欢迎的幼儿园性质。教龄 5 年以内的教师占比 22.54%,5~10 年的教师占比 45.07%,10~15 年的教师占比 14.08%,15~20 年的教师占比 14.08%,20~30 年的教师占比 4.23%,30 年以上的教师没有填写。可以看出,填写问卷的教师中,教龄 5~10 年的教师人数最多,而教龄在 10~15 年和 15~20 年的教师人数相当,教龄在 20 年以上的教师人数较少。参与调查的 71 名教师中,81.69% 的教师任教于城市地区,9.86% 的教师任教于乡镇地区,8.45% 的教师任教于农村地区。可以看出,城市地区的教师比例最高,而农村地区的教师比例最低。省级示范幼儿园的选择人数最多,占比达 56.34%。其次是市级示范和区级示范幼儿园,分别占比 15.49%。选择其他的人数最少,仅占 12.68%。(表 1-1)

表 1-1 被调查者情况统计表

		频率	百分比
年龄	21~30 岁	32	45.07%
	31~40 岁	30	42.25%
	41~50 岁	9	12.68%
学历	大专	8	11.27%
	本科	55	77.46%
	研究生	8	11.27%
所学专业	学前教育	30	42.25%
	非学前教育	41	57.75%
幼儿园性质	公办园	62	87.32%
	民办园	6	8.45%
	其他	3	4.23%

续表1-1

		频率	百分比
教龄	5年以内	16	22.54%
	5~10年	32	45.07%
	10~15年	10	14.08%
	15~20年	10	14.08%
	20~30年	3	4.23%
任教地区	城市	58	81.69%
	乡镇	7	9.86%
	农村	6	8.45%
幼儿园等级	省级示范	40	56.34%
	市级示范	11	15.49%
	区级示范	11	15.49%
	其他	9	12.68%

二、幼儿园男教师职业认同分析

（一）选择幼儿园男教师职业原因调查

男教师选择幼儿园的职业原因如下表所示：该多选题共有7个选项，有效填写人次为71人。其中，选项A"热爱幼教职业"得到了最高的选择次数，小计为47次，比例为66.19%；选项C"迫于就业压力"得到了最低的选择次数，小计为22次，比例为30.99%。其他选项的选择次数和比例在中间范围内。综合分析，大部分选择幼儿园男教师这份职业的人是因为热爱幼教职业，认为这是一份有意义的工作，可以为幼儿的成长和教育做出贡献。其次，有很多人选择这份职业是为了寻求一份稳定的工作，这也是一种常见的就业选择原因。而迫于就业压力的人数较少，说明该职业的就业前景还是比较乐观的。（表1-2）

第一章 "破局"身份认同

表1-2 选择幼儿园男教师这份职业的原因调查表

	频率	百分比
A. 热爱幼教职业	47	66.19%
B. 专业认可	38	53.52%
C. 迫于就业压力	22	30.99%
D. 寻求一份稳定的工作	46	64.79%
E. 实现自我价值	31	43.66%
F. 受他人影响	13	18.31%
G. 其他(请填写)	4	5.63%

(二)男教师在幼儿园教师中任职的比例调查

根据数据表格显示,共有71人填写了该单选题。其中,77.46%的人认为男教师在幼儿园教师中任职的比例是男少女多,18.31%的人认为男女平衡,1.41%的人认为男多女少,2.82%的人选择了无所谓,没有人选择不需要。因此,大多数人认为男教师在幼儿园教师中任职的比例是男少女多。(表1-3)

表1-3 男教师在幼儿园教师中任职的比例调查表

	频率	百分比
A. 男少女多	55	77.46%
B. 男多女少	1	1.41%
C. 男女平衡	13	18.31%
D. 不需要	0	0
E. 无所谓	2	2.82%

(三)男教师在幼儿园适合工作性质调查

根据数据表格,可以得出以下结论:大部分人认为男教师适合担任园长和体育老师,分别占比80.28%和95.77%;约一半人认为男教师适合担任带班老师,占比47.89%;有15.49%的人选择了"其他",需要进一步了解他们

具体认为男教师适合做哪些工作。(表1-4)

表1-4 男教师在幼儿园适合工作性质调查表

	频率	百分比
A.园长	57	80.28%
B.带班老师	34	47.89%
C.体育老师	68	95.77%
D.其他(请填写)	11	15.49%

(四)男教师在幼儿教育工作中的优势调查

选项A、B、C的比例均在90%以上,说明男教师在幼儿教育工作中有利于幼儿富有阳刚之气、健康人格的培养以及增强幼儿的安全感。选项D、E的比例分别为70.42%和71.83%,说明男教师在培养幼儿逻辑空间思维能力以及独立思考、客观处理事物的能力方面也有一定的优势。选项F的比例为4.23%,说明少数人认为男教师在其他方面也有优势,但具体是哪些方面需要进一步了解。(表1-5)

表1-5 男教师在幼儿教育工作中的优势调查表

	频率	百分比
A.有利于幼儿富有阳刚之气	71	100%
B.有利于幼儿健康人格的培养	70	98.59%
C.有利于增强幼儿的安全感	68	95.77%
D.有利于培养幼儿逻辑空间思维能力	50	70.42%
E.有利于培养幼儿独立思考、客观处理事物的能力	51	71.83%
F.其他(请填写)	3	4.23%

(五)幼儿园男教师职业平均工龄调查

根据数据表格可以得出,在被调查的幼儿园中男教师在园工作的职业工龄主要集中在6~10年和1~5年,分别占比43.66%和33.8%,而11~

15年的比例为16.9%。同时,16~20年和21~25年的比例非常低,均只有1.41%。可以看出,在该幼儿园中,男教师的工作年限普遍较短,而资深的男教师比例较低。(表1-6)

表1-6 所在幼儿园男教师职业平均工龄调查表

	频率	百分比
A.1~5年	24	33.8%
B.6~10年	31	43.66%
C.11~15年	12	16.9%
D.16~20年	1	1.41%
E.21~25年	1	1.41%
F.其他	3	4.23%

(六)幼儿对男女教师喜欢对比情况调查

根据数据表格显示,共有71人有效填写了该单选题,其中65人选择"A.更喜欢男教师",占比91.55%;2人选择"B.更喜欢女教师",占比2.82%;4人选择"C.不清楚",占比5.63%。因此,可以初步得出结论:大多数幼儿园男教师认为,相较于女教师而言幼儿更喜欢男教师。(表1-7)

表1-7 幼儿对男女教师喜欢对比情况调查表

	频率	百分比
A.更喜欢男教师	65	91.55%
B.更喜欢女教师	2	2.82%
C.不清楚	4	5.63%

(七)女童家长对幼儿园男教师异议情况调查

根据数据表格显示,针对是否有女幼儿家长对于您与女幼儿的接触提出过异议的单选题,共有71人填写有效。其中,有13人(18.31%)表示有女幼儿家长对于其与女幼儿的接触提出过异议,48人(67.61%)表示没有,

10人(14.08%)不清楚。因此,大多数受访者表示没有女幼儿家长对其与女幼儿的接触提出异议。(表1-8)

表1-8 女童家长对幼儿园男教师是否提出异议调查表

	频率	百分比
A.有	13	18.31%
B.没有	48	67.61%
C.不清楚	10	14.08%

(八)幼儿园男教师与园内女教师相处情况调查

根据数据表格显示,共有71人填写了该单选题,其中90.14%的人表示与园内女教师相处愉快,5.63%的人表示不愉快,4.23%的人不清楚。因此可以得出结论,大多数人与园内女教师相处愉快。(表1-9)

表1-9 幼儿园男教师与园内女教师相处情况调查表

	频率	百分比
A.是	64	90.14%
B.不是	4	5.63%
C.不清楚	3	4.23%

(九)幼儿园缺乏男教师是否需要解决判断调查

根据数据表格,共有71人填写了该单选题。其中,77.46%的人认为幼儿园缺乏男教师是一个需要解决的问题,12.68%的人认为不是,9.86%的人不清楚。可以看出,大部分人认为幼儿园缺乏男教师是一个需要解决的问题。(表1-10)

表1-10　幼儿园缺乏男教师是否需要解决判断调查表

	频率	百分比
A.是	55	77.46%
B.不是	9	12.68%
C.不清楚	7	9.86%

(十)幼儿园男教师任职人数对本人造成压力情况调查

根据数据表格可以看出,共有71人填写了本题,其中52.11%的人认为幼儿园男教师任职人数所占比例偏低会对他们造成一定的压力,40.85%的人认为不会对他们造成压力,7.04%的人表示无所谓。因此,大部分人对于幼儿园男教师任职人数所占比例偏低的情况表示担忧,这可能会对幼儿园的教学质量和师资队伍建设产生一定的影响。建议幼儿园加强对男教师的招聘和培养,提高男教师的比例,以提高教育教学质量和幼儿园的整体形象。(表1-11)

表1-11　幼儿园男教师任职人数对本人造成压力情况调查表

	频率	百分比
A.会	37	52.11%
B.不会	29	40.85%
C.无所谓	5	7.04%

(十一)幼儿园男教师家人的支持情况调查

根据该单选题的数据表格,可以得出以下结论:绝大多数人的家人都支持他们的工作,其中47.89%的人表示非常支持,39.44%的人表示支持;只有少数人的家人对他们的工作不支持,其中4.23%的人表示不支持;有8.45%的人表示家人对他们的工作无所谓。(表1-12)

表1-12　幼儿园男教师家人的支持情况调查表

	频率	百分比
A.非常支持	34	47.89%
B.支持	28	39.44%
C.无所谓	6	8.45%
D.不支持	3	4.23%

(十二)幼儿园男教师是否愿意提及自己的职业情况调查

根据该数据表格,共有71人填写了该单选题。其中60.56%的人愿意在别人面前提及自己的职业,21.13%的人无所谓,18.31%的人不愿意。可以看出,大部分人愿意在别人面前提及自己的职业。(表1-13)

表1-13　幼儿园男教师是否愿意提及自己的职业情况调查表

	频率	百分比
A.愿意	43	60.56%
B.无所谓	15	21.13%
C.不愿意	13	18.31%

(十三)幼儿园男教师是否愿意提及自己的职业情况调查

根据数据表格显示,共有71人填写了该单选题。其中,56.34%的人认为在幼儿园有较大的职业发展空间,33.8%的人认为没有,9.86%的人表示不清楚。可以看出,大部分人对于在幼儿园的职业发展空间持有积极的态度。(表1-14)

表1-14　幼儿园男教师是否有较大的职业发展空间情况调查表

	频率	百分比
A.有	40	56.34%
B.没有	24	33.8%
C.不清楚	7	9.86%

(十四)幼儿园男教师对目前所从事工作满意度调查

根据该单选题的数据表格显示,共有 71 人参与了该问卷调查。其中,49.3% 的人对目前从事的工作感到满意,42.25% 的人觉得一般,只有 8.45% 的人对目前从事的工作不满意。综合来看,大多数人对目前从事的工作持有积极态度。(表 1–15)

表 1–15　幼儿园男教师对目前所从事工作满意度调查表

	频率	百分比
A.满意	36	49.3%
B.一般	31	42.25%
C.不满意	6	8.45%

(十五)幼儿园男教师工作的压力来源调查

本题有效填写人次为 71 人,其中社会传统观念、工作责任大且工资待遇和付出不成正比、同伴太少缺乏交流、未来的规划迷茫、个人价值得不到发挥的选项出现次数比较高,分别为 61.97%、84.51%、59.15%、52.11%、50.7%,说明这些因素是幼儿园男教师感受到的主要压力来源。其中感觉自己没有能力胜任工作的选项出现次数较少,仅为 15.49%。此外,有 6 人选择了其他压力来源,需要进一步了解。(表 1–16)

表 1–16　幼儿园男教师工作的压力来源调查表

	频率	百分比
A.社会传统观念	44	61.97%
B.工作责任大且工资待遇和付出不成正比	60	84.51%
C.同伴太少缺乏交流,人际关系紧张	42	59.15%
D.未来的规划迷茫	37	52.11%
E.个人价值得不到发挥	36	50.7%
F.感觉自己没有能力胜任工作	11	15.49%
G.其他(请填写)	6	8.45%

第二章

"跨越"专业认同

环境:思维之"束"

科尔斯特曼斯在教师专业认同的研究中提到,教师专业认同是教师个人对自己身为教师的理解,教师专业认同包括五个部分:自我形象、自尊、工作动机、工作知觉以及未来展望。科尔斯特曼斯关于教师专业认同的研究让我们认识到:教师的专业认同根本还是要靠自我认同来实现。"幼儿园教师是不是专业人员?"回答是肯定的。但与医生、律师等专业性凸显的职业相比,社会对幼儿园教师专业性的问题存在传统的认知且难以改变,这需要幼儿园教师本身从内而外的突破,不断提升自身的专业水平,不断提升自身专业认同感,用实际行动去改变社会的刻板认知。对于幼儿园男教师这一群体,更应该提升专业认同,摆脱现有环境给自身带来的思维束缚。

对于教师职能问题的探讨在经历了数次向西方学习的摇摆后,开始呈现理性的复归,国家和社会本位的教育职能重新被强调,立德树人成为新时代教师的根本任务和根本指南。《中华人民共和国教师法》提出:"教师是履行教育教学职责的专业人员。"《幼儿园工作规程》把"幼儿园工作人员"改为"幼儿园教职工",这一称谓的改变也体现了幼儿园教师地位的提升,更加确认了幼儿园教师的专业身份。随着文件的颁布,教师的专业性逐步成为研究的重要内容和研究方向。外界环境虽然是影响男教师生存状态的重要因素,特别是对男教师心理状态的影响,但是男教师不能完全依赖或受制于外界环境的影响,更应该发挥自身主动性,迎难而上,通过提升专业认同、促进专业发展来提升自身的职业幸福感。男教师最怕的状态就是陷入消极的情绪而无法自拔,在幼儿园消极度日。专业性是男教师在幼儿园的立身之本。只有坚实的专业基础,才会产生专业自信和专业自觉。面对社会认知偏差、幼儿园性别"弱势"、个体本身专业不认同等各种因素,男教师很容易产生自我否定、挫败感、缺乏自信心等消极情绪,这种心理压力严重影响着男教师的专业发展。男教师必须学会主动从中跳出,即从心理上跳出消极的恶性循环,做好心理调适,应充分认识到专业性是改变现状、提升自我效能感的关键,只有定位专业发展、凸显性别优势项目,才能得到大家内心的认同和尊重。

专业性的提升需要从专业理论和专业实践两方面同步进行,既要养成学习专业理论的习惯,又要学会加以运用真正服务于实践。在实践中要学会发现问题,刨根问底,梳理关键问题、关键因素,切实找出问题解决的可行性方案。同时要学会问题解决策略的积累,随着日积月累,不断提升自身解决问题的能力。只有这样不断学习和实践,才能确保研究既有理论的高度,又有实践的厚度。比如,"针对问题找文献"是一个很好的方法,也就是大家熟知的文献法。面对一个问题,单靠自己的力量是很难系统解决的,需要有经验老师的指导,更需要已有研究经验的学习。只有"站在巨人的肩上",基于实践不断分析和反思,才能快速提升解决问题的效率,更能提升自身的研究能力。同时也要学会找问题,不但找自己的问题,更应善于发现幼儿园一日生活中发生在别人身上的问题,"我如果是她,该怎么解决",要经常有这样的思维,通过学习和思考,找出解决问题或优化现有状况的方案。"问题意识"是男教师专业快速提升的重要抓手,不在于问题的大小或多少,而在于问题解决的日积月累。这需要一个艰苦实践和提炼的长期过程,但一旦形成将成为男教师专业自信的坚实基石,这种积极的发展体验势必会带来强烈的成就感。这种成就感不只是限于该优势项目,还有加速其他专业方向的快速发展,有利于形成以优势带动、多元快速发展的良性发展的快速通道,男教师面对挑战更有自信,更能迎难而上,形成从专业短板到专业优势的大步跨越。

除了自身努力,外部力量的支持也是男教师专业发展的重要保障。宏观层面的支持包括国家政策和社会层面的舆论支持。国家对男教师的支持包括政策、法规和经济投入等方面,这些都为男教师专业发展提供了制度保障和物质支持。社会层面的支持主要体现在新闻报道和舆论的支持上,对于男教师职业形象的正面宣传和舆论引导,都有利于男教师的职业发展。

　　微观层面的支持主要来自幼儿园层面,包括园长和同事的支持。园长在男教师专业发展中起着重要作用,园长要重视男教师的职业发展,为男教师提供相应的培训和机会,同时还要鼓励男教师参与幼儿园管理和教育改革。同事的支持也是男教师专业发展的重要支撑,同事之间要建立良好的合作关系,互相学习和交流,共同提高教学水平和团队凝聚力。

专业:立足之"本"

　　在新一轮换届中,我被提拔为副园长,在离开幼儿园之前,园长和我进行了一次深度谈话,也正是这番谈话影响了我后期的发展。记得是在幼儿园的会议室,园长问了我一个问题:事务性的工作重要还是自身的专业性重要?园长说:"你处理事务性的工作我完全放心,但单靠这一点是不够的,要想得到长足的发展、得到别人真正的认可还要靠自身的专业性。"这番话体现了园长对我的关心,以及对我去到新的环境如何立足的担忧,这也是我当时正在担心的。园长担忧我专业不成熟、太片面,担忧我作为一名男教师融入新的环境会不适应,担忧在新的幼儿园威信的建立,这无数个担忧包含了园长对我的无数的爱,直到后来我才明白,那次的谈话看似无意,实际是园长的精心安排。"遇事不要急于表态,要学会汇总提炼集体智慧""要多学习,多思考,多去班上看看,发现问题提前学习、提前准备答案"……园长一句句暖心的话仍然记在我的心间。后来我做到了"把专业作为根本",也赢得了大家的认可和尊重。

　　一个人无论走得多快、多急,如果没有方向都是徒劳的,至少是不完美的。我记得园长当时说,"你要想得到别人真正的尊重,不能单单靠把大家服务好,没有专业什么都不是"。虽然说得有些绝对,但我听到心里去了,并把这句话写在一张纸上,时刻压在我的桌面。新调入的幼儿园是一所数学特色的幼儿园,作为业务园长自身就应该树起这面旗帜。我上岗前一个月的时间,把大多数幼儿园数学相关的书籍全部读了一遍,把《3—6岁儿童学习与发展指南》压在枕头下面,每天晚上都要把里面的数学部分读一遍。利用所学,我对着网上的一些经典数学课例做说课模仿、做课例点评。后来才发现前期的学习和准备为我快速打开局面,"机会总是给有准备的人",我想成功也是。此时,我真正明白了园长的苦衷,也真正体会到"专业才是根本"的意义。从那以后感觉自己突然开窍了,不断在学习、实践、反思中成长,逐步摆脱了自身专业的局限性和单一性,突破了专业发展的瓶颈。当时我听到一些声音:"他只是学体育的""他只是信息技术好而已""他对班级管理没经验"……无论是表现出的还是藏在内心的,都让我感到压力倍增,也让我再次想起园长和我说的话,"想要得到别人真正的尊重靠的是专业,专业,还是专业!"在困难面前趴下或许很容易,但站直也不难,只要"脸皮够厚耐磨",只要"一身正气",只要"专业不断学习"……"野火烧不尽,春风吹又生。"我愿意做一颗野草,牢牢抓住专业的根,任凭风雨摇曳、风吹雨打,时刻保持顽强的生命力。

第三章

"点亮"教育信念

信念：教育之"基"

教育信念是克服一切困境的核心要素,是幼儿园男教师专业成长路上的事业之根,是撑起男教师在幼儿园四季轮回、坚守冲锋的基石。认同力是形成教育信念的前提条件,教育信念一旦形成,将坚不可摧、永不磨灭,形成刻在内心深处的初心和使命。然而这种信念往往建立在身份认同、专业认同等基础之上,所以幼儿园男教师面临职业适应困境,必须增加自身的归属感,认清职业的价值归宿和使命,才能"轻装上阵",不忘初心、勇毅前行。

层次需求理论提出,低层次需求的生理需求、安全需求,提出高层次需求的归属与爱的需求、尊重需求和自我实现的需求。归属与爱的需求主要表现在个体的社会交往需求,通过社会交往满足各种类型的爱。尊重包括自我尊重、尊重他人和被他人尊重。无论是来自自身的内部尊重还是来自社会或他人的外部尊重,都体现出个体被认可、被肯定,才能充满自信而为之不懈奋斗。自我实现需求就是实现理想抱负的最高级别的需求,在这个层面个体会有明确的教育信念和职业理想,面对困难将一如既往、披荆斩棘,以实现心中的梦想,追求自我价值的实现。

"内生型"专业发展方式中教师的发展不是被动、被迫、被卷入的,而是自觉主动地改造、建构自我与世界、与他人、自身内部精神世界的过程。教师专业发展变为教师通过自我反思、自主实践、自我设计专业、自觉实施专业发展规划,不断激励自我更新,成为自身发展主人的过程。幼儿园教师专业发展由原有的"外铄型"走向"内生型",呈现出一种"自我更新"取向的教师专业成长的全新范式。伴随着教师专业发展的重心从"外"向"内"的转移,教师专业发展中教师主体性的逐渐回归,教师在其专业发展中的"工具性"价值取向逐渐被"生命性"价值取向取代,以往忽视"人"的幼儿园教师专业发展,幼儿园教师的个人经验、情绪、价值、实践智慧、个体发展在教师专业发展中被逐渐关注,教师的专业成长不再局限于被动地接受自上而下的教师培训,而成了教师自觉、自愿用以完善自身,追寻更充实、更有意义、幸福生活的重要方式。

在男教师难以适应与幼儿园内在需求的张力中,在不断冲突、顺应中达到融合的动态平衡,不同类型、不同特点的老师表现出不同的发展样态。而这种新教师专业发展的模式,凸显男教师专业发展的"生命价值"。对幼儿园男教师专业发展的研究要摆脱"工具性"传统观念,注重教师在实践中的"主动建构",关注教师作为发展主体"人"的生命价值,提升教师职业幸福感,实现教师的自我价值。人是目的而不是工具。对于幼儿园来说,推动男教师的专业发展应该做到唤醒,通过唤醒去激发一个具有自足潜力的灵魂,而不是打造一个满足实践需要的人。

不同于知能关注下教师专业发展追求的教学的技艺和艺术,也不同于实践关注下教师专业发展追求教师的教学机智、教学实践智慧,近几年在教师教育理论研究中涌现出了一股强有力的教师专业发展新取向——精神取向的教师发展观。精神关注下,教师的专业性体现在教师教学行为中无处不在的伦理性、道德性、文化性和生命性,它涵盖了道德价值、理想价值和情感价值,相信教师的专业性不仅指向教师的具体教学实践和教学行为,更关注师幼互动中师幼情感的流动、关系的营建、意义的生成、文化的陶冶和心灵的交融等终极的生命关怀。精神关注取向下,教师的专业发展更关注教师专业热诚、专业承诺、专业使命的培育,专业自觉精神与专业觉醒意识的唤醒以及文化意识和文化精神的回归,并意图通过批判唤醒、人文精神的熏陶、教育理念的践行和教育情怀的培育,实现幼儿园教师心灵的成长和精神的解放,最终达到"教天地人事,育生命自觉"的精神境界。一名接受访谈的男教师G说:"觉得工作好像意义不大,杂事太多,每天都是重复一样的工作,觉得很枯燥。"可见,教师对专业成长的关注度不够,更缺少了在精神上专业发展的自觉和动力。但这种情况也有其存在的原因,该男教师提到,与大城市相比,乡村专业发展的空间和资源相对有限,更多的男教师更倾向于走行政路线,实际如果能够成为专业性的行政是最完美的,但受限于发展的资源和环境。

教师培训的变革经历了从普适知识背景下的教师"群体专业化"到"隐性知识"与教师专业的"个体化"发展,从早期"集体主义"与"联合互助"到教师发展的"专业个人主义",再到"伙伴协作"与"教师共同体"的历程。进入新世纪,伴随着国际教师专业化运动与教师改革的成果逐渐被引入中国,教师社群和教师合作被提升至教师专业发展的关键地位,国内研究者反思了改革开放以来中国教师由于"隔离"文化特征带来孤立性、保守性和被动性的种种弊端,在国内持续数十年的教师间彼此隔离和孤立的专业个人主义倾向被迅速打破,教师合作和建立教师学习共同体成为学界的主流声音,强调由"个人的努力"逐步转向"学习者共同体",信赖、开放、协作、支持,共同实现专业发展被认为是教师专业发展的重要途径。以课题研究实践、集体备课、说课、微格教学、头脑风暴等形式为代表的同行交流、结伴合作、专家讲座、评课、名师导学成为教师协作学习共同体促进教师专业成长的重要运作方式,推进了以往"个体""孤立"的幼儿园教师向"共同体""伙伴协作"的教师专业发展范式转变。

基于"共同体"(共同实现专业发展)价值取向的教师专业发展理念,面对幼儿园男教师"单打独斗""生硬融入"的粗放现实状态,可建立不同阶段、跨阶段的学习共同体,也可建立男教师的学习团体,也可基于教学现场构建"共存共生"的学习实践共同体,实现分部门分阶段的专业发展模式。

启示:蜕变之"力"

幼儿园男教师在教育行业中扮演着重要的角色,而随着社会的发展和进步,越来越多的男性开始涉足幼教行业。传统观念认为,幼儿教育是女性的天下,男性参与幼教工作则容易被质疑其性别角色认同。男性在幼儿园教育中面临的挑战和女性有所不同，需要针对性的培养和发展。教育信念是幼儿园男教师职业发展中的重要要素，在传统观念的影响下，男教师需要不断调整自己的教育信念，以适应幼儿园教育的需要。

为理想目标而奋斗的付出都不苦，而是前进路上的调味品，给生活带来不一样的情调。幼儿园男教师要勤思善物，自律克己，一点一滴修炼累积，生活将充满无穷的能量。切忌在人云亦云中手忙脚乱，在随波逐流中一蹶不振。虽然努力不一定成功，但是会离成功更近。黑格尔说，存在即合理。生物界的各种现象都有合理的解释。有意思的是：毛毛虫每蜕一次皮就长大一点，一生连续蜕皮五次，通过不断吐丝蜕皮，身体不断长大，为后期破茧而出积累充足的能量。毛毛虫在该吐丝的阶段不吐丝，最终停止生长不会变成蝴蝶，正所谓"少壮不努力，老大徒伤悲"。以下以表3-1为例，通过分析小学课文《小毛虫》，进一步提升幼儿园男教师的自我认识。

表3-1　部编本二年级下册语文第22课《小毛虫》

蜕变阶段	《小毛虫》课文原文	关键字词的启发体会
迷茫期（对比他人）	一条小毛虫趴在一片叶子上，用新奇的目光打量着周围的一切：大大小小的昆虫又是唱，又是跳，跑的跑，飞的飞……到处生机勃勃。只有它，这个可怜的小毛虫，既不会唱，也不会跑，更不会飞。	1. 趴 小毛虫趴在那里，显得特别笨拙。其他小动物唱跳跑飞，显得有活力，他们之间有着鲜明的对比。 2. 可怜 这里用了一个词语叫可怜的，这就是跟其他昆虫相比，毛虫就显得很可怜。
尝试期（认识自我）	小毛虫费了九牛二虎之力，才挪动了一点点。当它笨拙地从一片叶子爬到另一片叶子上时，它觉得自己仿佛周游了整个世界。	1. 九牛二虎之力 小毛虫使这么大劲才挪动一点点，说明行动困难，正如"笨拙地从一片叶子爬到另一片叶子上时，它觉得自己仿佛周游了整个世界"这种感觉。

续表 3-1

蜕变阶段	《小毛虫》课文原文	关键字词的启发体会
规划期 (制定目标)	尽管如此,它并不悲观失望,也不羡慕任何人。它懂得:每个人都有自己该做的事情。它,一条小小的毛虫,眼前最要紧的是学会抽丝纺织,为自己编织一间牢固的茧屋。	1. 不悲观失望、不羡慕任何人 小毛虫的心态非常好,不为眼前一时的困难所悲伤,也不去羡慕别人比我们好。只要内心强大,有坚定信念,一定会取得成功。 2. 最紧要 "它,一条小小的毛虫,眼前最要紧的是学会抽丝纺织,为自己编织一间牢固的茧屋。"这是小毛虫的信念,是它一直相信的事情。有目标规划,并坚持行动下去。
践行期 (坚持毅力)	小毛虫一刻也没有迟疑,尽心竭力地工作着。它织啊,织啊,最后把自己从头到脚裹进了温暖的茧屋里。	1. 没有迟疑 小毛虫一刻也没有犹豫过,抓紧行动起来,尽心竭力地工作,一刻也不耽搁。 2. 温暖 织啊织啊,时间非常长,最后终于把自己从头到脚裹进了温暖的房子里了。
信念期 (坚固信念)	"以后会怎样呢?"它在与世隔绝的茧屋里问。"万事万物都有自己的规律!"小毛虫听到一个声音在回答:"你要耐心等待,以后会明白的。"	耐心等待 万事万物都有自己的规律,小毛虫坚信内心的信念,通过内心的思考和肯定,不断为自己鼓劲。
蜕变期 (超越自我)	时辰到了,它清醒了过来,再也不是以前那条笨手笨脚的小毛虫。它灵巧地从茧子里挣脱出来,惊奇地发现自己身上生出了一对轻盈的翅膀,上面布满色彩斑斓的花纹。它愉快地舞动了一下双翅,如绒毛一般,从叶子上飘然而起。它飞啊飞,渐渐地消失在蓝色的雾霭之中。	1. 清醒 蜕变前的清醒,从笨拙变得灵巧。 2. 挣脱 蜕变前的最后一挣,非常用力摆脱茧子的束缚。说明小毛虫用了强大的力量。 3. 惊奇 蜕变后的喜悦,轻盈的翅膀,色彩斑斓的花纹。 4. 飘然而起 小毛虫蜕变后优雅的姿态,不再是之前的小毛虫了,而是美丽的蝴蝶,实现了最终的蜕变。

第三章 "点亮"教育信念

小毛虫开始是一只虫子,它可怜笨拙,不会唱、不会跑、不会飞,但它意志坚定,编织茧房,耐心等待,终于变成了一只色彩斑斓、灵巧、轻盈的蝴蝶。小毛虫经历从一开始的笨拙到一飞冲天,经历了无数次蜕皮、化茧、蜕变的过程。在这个过程中,正是因为小毛虫这种坚定目标、坚持不懈的精神,最终实现了自我超越的蜕变。坚定目标,相信自己,尽心竭力,坚持不懈,一定会有最终"蜕变"的那一天。

但值得提醒的是,作为一只"小毛虫"在不同的环境中,首先要做的就是保护好自己,因为你身体太"柔弱",需要做好自身保护,先生存下来才有蜕变的机会。男教师在幼儿园无论遇到什么困难,都要坦然、淡然面对,千万不要有过激行为或表现,也许本来你有道理,反而因处置不当变为自身的问题,即不要因为一个问题造成更大的问题。在访谈中,有名男教师说:"男教师嘴巴不如女教师,而且与园长接触聊天的机会不如女教师,造成园长偏听偏信,对自己造成误会。""这是我有生以来感到最孤独的一次,被边缘化的感觉太痛苦了",这位男教师说,"但我强忍下来,因为我相信,路遥知马力,日久见人心"。这位男教师"被边缘化"长达两年之久,但他坚持了下来,最终得到大家的认可,最后成为业界公认的佼佼者。"那两年是最痛苦的两年,也正是这两年让我快速成熟起来。"委屈撑大了格局,无论你智商如何、情商如何,最关键的是你格局如何。如果一点挫折就心存憎恨、不能释怀,那么你就不可能成功。海纳百川,有容乃大。做人有多大气,就会有多成功,因为胸怀是成功者的标志。

大千世界真奇妙,外行只能看热闹。有朝一日人蜕变,可学悟空上九霄。

第二篇

品质上的蜕变：坚毅力

作为一名幼儿园男教师，我们肩负着培养下一代人才的重任，因此需要我们具备坚毅的内心和坚如磐石的意志。

我们的初心是信念的根源，它赋予我们无畏的勇气和永不停歇的前行动力。在漫长的职业生涯中，我们始终保持着坚毅的性格，勇敢前行，永不停歇，只争朝夕。信仰是我们奋斗的支撑，勇气则是前行的指引。我们始终保持着奋斗的劲头，积极进取，在前路中培养更多的优秀人才并铸就伟大。不管风雨如何，我们始终不动摇，攀登峰顶，探索星海，不断成长。每一次挫折都使我们更坚强，每一次艰辛都带给我们更大的收获。

在这职业征途之上，我们信念如山，意志如铁，勇往直前，崛起于困境之中，翱翔于彩云之上。

第四章

"突围"性别困境

现实:"骨感"之"态"

作为区属幼儿园第一名幼儿园男教师,我受到了媒体的关注并接受采访。面对采访,我侃侃而谈,说我如何带领孩子们玩体育游戏,如何做一个"大哥哥"和孩子王,采访结束我还意犹未尽,沉浸在被采访的兴奋之中。采访结束后的几天,我都在日盼夜盼,希望能早点看到报道,也可以和家人炫耀一番。一天我听到一名同事跑过来和我说,报道出来了。我非常兴奋地去查找,同事在边上说:"看你那么兴奋,但我看了兴奋不起来。"我深感诧异,一边查一边把报道打印出来。当看到报道里"男阿姨"三个字,我悄悄地把打印出的报道放进了抽屉,至今没有拿给家人看。因为报道的出现,我的QQ评价里多出"萝莉"两个字,看到同学们的个别玩笑,也让我兴奋的心快速冷却下来。也是从那时我心中产生了"非干出一番事业出来不可"的想法。回首想想,也感谢社会的这种刻板印象对我的督促和激励。

国内外对幼儿园男教师性别困境的研究较多,从伦理学、社会性别理论、社会认同理论、生态系统理论、需求层次理论等多个理论的角度,从社会文化、园所管理、个人心理等多个角度,通过访谈、个案研究等研究方法,对男教师这一特殊群体进入异质化性别空间后边缘化问题进行了较为详尽的研究。研究表明,社会的二元对立性别观和性别的刻板印象,带给幼儿园男教师无形的压力;群体性别数量的差异,带给幼儿园男教师心理的紧张感和孤独感；幼儿园管理的刻板和非人性化，带给幼儿园男教师焦虑感和无力感。但对如何破除性别困境的指导性意见相对较笼统，指导的实践性不强。

幼儿园男教师的生存现状可谓"理想很丰满，现实很骨感"。行为科学理论的代表马斯洛的需求层次理论将人的需求从低到高分为五个层次，即生理需求、安全需求、社交需求、尊重需求和自我实现需求。下一层是上一层的基础，只有下一层的需求得到满足，才会促使上一层需求的产生。幼儿园男教师在职业认可的前提下，往往会把幼儿园这份工作当成事业去做，通过这份事业达到自我实现、体现自身价值，从而获得社会更多的尊重和认可。这种高层次需求现实中却缺乏低层次需求的基本保障，正是因为这种矛盾的存在，造成现实和理想差距的反差。而男性的性别特点和幼儿园职业的特殊性的差异性，往往会造成低层次需求相比女性教师更难实现，也就是男教师对工资待遇的期待值较高、心理安全的压迫感较高，以及社会交往的性别隔阂、社会尊重的现实缺失。造成"空有一腔热血"的局面。

幼儿园管理者应怀有包容之心，满足或弥补男教师低层需要或中层需要，为男教师的自我实现提供专业发展的个性化平台。所以幼儿园男教师的培养需要幼儿园管理的管理艺术和机智，也考验着管理者的胸怀和智慧，但管理者的付出带来的回报往往大于预期。一个优秀的幼儿园男教师的培养或许需要更多的时间，但一旦突破专业发展的瓶颈，男教师会更"好用"、更富有独特的专业魅力和管理魅力，所以对于一名男教师来说，遇到一名大胸怀、富有大智慧的园长是一生的福分。在接受访谈时一名男园长说："对于我们县城的具体情况来说，最关键的因素有三个：第一，男生自己做事情肯定要认真踏实；第二，懂得为人处世，懂得交流打交道，比如我这个园长是局长任命的，如果你得不到局长和老师们的认可，是很难进步的，所以要局长对你放心信任、教师们认可也很重要；第三，别人对你的评价也很重要，懂得服务他人，尽心做事，争取大家对你较高的评价。"

幼儿园男教师的职业压力主要影响因素有社会、幼儿园和个人本身。社会对幼儿园男教师的刻板印象，造成男教师羞于开口说出自己的职业。幼儿园园长的管理方式和对男教师的看法、幼儿园同事对男教师的认同感、家长对男教师的忌讳，都成为幼儿园男教师的心理压力和负担。幼儿园男教师对自身的价值判断和心态，比如对该职业的定位，是事业还是糊口饭的无奈;面对外来压力的自我调试能力,是积极面对还是消极应对,都影响着男教师的职业发展。

幼儿园男教师专业成长受到职业压力的影响。职业压力不但阻碍着男教师的专业发展,更有可能压垮男教师,导致男教师离开这个行业。男性角色在传统观念中一直被认为是养家糊口、承担其男性应有的家庭责任的角色,工资待遇问题也是造成男教师职业压力的重要社会因素。男性往往更加注重园长的眼光和对自己的看法,有时会比女性更敏感,这源于男性对自身价值的判断。男教师更要"面子",有了"面子"动力才会更加充沛,因为得到了男性"应有"的尊重,这可能是男性骨子里的一种倔强,但也正是这份倔强才保存了男性内心的那份阳刚、果敢和自信,才会逐步建立职业认同感。

职业认同感并不是每一位男教师一开始就建立起来的,而是在职业生涯中得到尊重、成功、认同感而逐步建立起来的。这种职业认同感一旦建立,将是持久的甚至永恒的,也就是说把职业当成事业去做。男教师的内驱力往往就是在无数次的被认可、被肯定中逐渐建立起来的。这种认可和肯定可能来自园长,也可能来自事业带来的自豪感。但在职业的最初期,这种职业认同往往来自园长。园长的爱往往会成为男教师留在幼儿园的起初的动力,虽然内心还在和其他因素做斗争,但园长给予的关怀和"厚爱",往往是男教师留在幼儿园的精神支柱。男性自身优势得到发挥,会得到同事和同行的认可,在这个过程的不断反复中,男教师会建立自认为男性应有的那份"表现欲"和价值感。被访者G教师说:"自己要有一门比较过硬的专业技能。比如我们现在很吃香的就是体育方面比较突出。自己专业某一个领域一定要有突出的表现,其实只要有一方面过硬的专业素质和专业能力,很多人都会被认可的,得到认可你才有更好的发展空间。"

霍兰德曾说:"工作的价值不仅是获得金钱、地位与荣誉,它的价值还在于使你满足自己的兴趣,获得内心的愉悦。"幼儿园男教师在幼儿园"被需要"的那份自豪感、在孩子们面前被喜爱的那种幸福感,往往会超脱金钱和地位那份"庸俗",成为男教师留在幼儿园的那份内心的"倔强"。

园长:"妈妈"之"暖"

孤独的感觉让人变得更敏感,也让人变得更无助,永远有种被边缘化的无力感。然而总有那么一种力量与之抗衡,那就是园长"妈妈"的包容和关爱。在刚入幼儿园的时候,因为性别差异受不了孤独的感觉,本来想跳到小学当老师,但当你转身要离去的时候,总有那么一束光,照亮你那孤独的角落,温暖你的心房。总有那么一张慈祥的脸,脸上带着微笑,让我想起了已不在人世的妈妈。那丝温暖如一股暖流涌入我的心房,也正是这种力量成就了现在的自己,让我学会了如何善待自己,如何宽容他人。每每想起以前的种种被包容、被认可,心里都会产生一股暖流。那时的自己的确很糟糕,但在爱的包围下生存下来,终于"遇到了最美的自己",这让我常怀感恩之心,只有经历了爱的人,才真正明白爱是多么伟大,爱的力量不仅可以成就一个人,更让人在被爱中学会爱他人。

幼儿园男教师的"独居"职业生活造成自身的孤独感、边缘感,深处"女儿国"深感性别带来的压迫感,会浑身不自在,特别是开会、教研等需要集中的场合。教研或培训活动有时需要同伴间手拉手、背靠背等身体接触,给男女教师双方都带来尴尬,往往会出现"空中"手拉手的现象。男教师的孤独感在职业初期特别明显,很多男教师就是因为受不了这份孤独而选择辞职。消除这种孤独感单靠男教师本身是很难克服的,需要幼儿园和本身的共同努力。

园长把男教师真正当成男性看待,这一点也是消除男教师孤独感、体现其自身价值的重要方面。比如专门设置具有男性特征的园服,在幼儿园设置男厕所,而不只是男女通用的厕所。从这些小的细节都能体现园长对男教师的尊重和性别认同,相反会增加因环境引起的不适或孤独。园长在开会或教研时,把男教师凸现出来,让其坐在自己身边,协助自己组织活动,用凸现解决孤立的问题。这样既发挥了男教师的优势,又让男教师感到园长重视他,变"孤独感"为价值感。但也要根据男教师的性格特点,对于特别内向的男教师要安排其在熟悉的人或好朋友的身边,不要因为级组的座位分开而造成其孤立感。随着时代的发展,越来越多的男教师进入幼儿园教师的行列,这恰恰也为解决男教师职业孤独感提供了条件。幼儿园为男教师们提供可以相互交流的机会,如有条件可以开辟一块属于男教师的空间,以便于他们之间相互交流,同时也体现出幼儿园对他们的重视。除了成立幼儿园男教师的团体,也可以成立区县内的"幼教男团",以体育、信息技术后勤管理等为特色的教研团队,既可以让他们"抱团取暖",又可以促进他们的专业成长。园长也要学会发挥其所长,穷尽其才华,温暖其心灵,保护其自尊,特别是对信心不足、怕出错的新教师,要学会站在其身后,做其坚实的后盾,多鼓励,少批评。同时园长不能单纯提要求而缺乏实际指导,因为沟通的魅力在于激发教师的提问和行政的积极反馈,只有双向的不断明确,才能还原事情原本的状态,而不是带着个人的想象力而导致落实偏离,出现"老是感觉教师不懂自己到底怎么想的"的状态。同时园长还要学会把抓整体框架和抓细节相结合,切实把握好两者的度,要学会抓关键细节,必要时忽略次要细节,让男教师更加有信心,切忌抓住细节不放,挫伤男教师的自信心。

男教师也要学会自我调适,积极发挥自身优势,帮助同事,主动做一些力气活,不要以为这些都是琐碎的事,恰恰因为这些事情能得到同事们的尊重和认可,形成和谐友好的工作氛围,对消除自身的孤独感非常有帮助。同时要改变自我认知,正视自己职业的特殊性,认识到幼儿园虽然以女性为主,但是也需要男性阳刚之气的融入,保持积极心态,成为幼儿园一束强光,照耀整个幼儿园,而不是藏在角落的小灯,深陷孤独感的怪圈。男教师也要学会主动适应,千万避免因孤独感引起的对立,使自身进入情绪低落的恶性循环怪圈,造成孤独感的进一步加剧,甚至被迫离开该行业。男教师也要认识到"孤独感不是你的错",这是这个行业的特点决定的,是一种正常的感觉,只要主动适应,和同事、园长形成融洽的关系,就会逐步融入和适应,只是时间问题,不要担心或过度焦虑。以正常的心态面对这个行业,以正确的态度面对自己,"三百六十行,行行出状元",充分认识到男教师在幼儿园的不足和优势,弥补不足而显优势,只有这种正确的认知,才能形成良好的心态。所以与其应付各种情境或场合带来孤独感的自我疏导,不如做好自身对该行业和自我发展的正确认知。

一名园长在接受访谈时说:"如果你觉得自己比较孤傲,或者觉得自己了不起,园长也不一定给你机会。如果在工作上得不到园长认可或者你不支持园长工作的话,园长也肯定不会因为你是男的就去理解你、照顾你的,这都是相互的。只有你大力支持园长的工作,做好园长的左膀右臂,把男性的优势发挥出来,这才是最合适的选择。"

因"男"而难的问题,需要教师的自我突破。幼儿园男教师应该认识到本身的主体性,做好自我剖析、自我研究。男教师的专业成长实际是一场修行,首先要实现从阅己到越己的突破,最终达到悦己的修为。这场成长的蜕变,不是一蹴而就,而是如化茧为蝶,必须经历痛苦的过程,需要具备强大的内驱力和自信心,从而实现从内而外"破茧"的突变。

坚毅力是指对长期目标的热情和坚持,表现为对目标的始终如一,努力的可持续性,克服困难永不放弃,体现了个人成长的主动性、自觉性。具有坚毅力的人幸福感强、负面能量少,坚毅的人的力量更在于他们能在挫折中坚持。对成年人的研究表明,坚毅可以缓冲消极生活事件的负面影响,坚毅在挫折和逆境下对个体的心理状态起到保护作用。

意志:初心之"坚"

男教师在幼儿园的"存活"和"坚守",根本在于园长和教师本身的初心,但后者更重要,是内在的力量。践行初心、不断自我修炼应成为每一位幼儿园男教师必须经历的成长历程。2003年大学毕业后,我背上行囊坐上南下的绿皮火车,开启心中的"教师"梦想。那时心中带着迷茫和对故乡的不舍,到广州寻找心中那份执着和梦想。一路站票30多个小时,我也不觉得累,反而一路在思考自己能做些什么,思考着外公的嘱托:不管到了哪里、做什么,都要用尽全力做好。我外公也是一名退休教师,我从小在外公家长大,深受外公的熏陶,从小闻着外公毛笔字的墨香长大,对教师有着那份向往的执着。最终没能收到中小学的录取通知,却意外收到幼儿园的录取通知,带着青涩和心中那份进退的迷惑,脑中响着外公深深的嘱托和叮咛,最后选择了幼儿园,一路下来近20年,我一直保持那份初心,一切为了孩子,我要把全部身心投入热爱的幼教事业。

第四章 "突围"性别困境

  从教近20年,我从一个练体育的毛头小子到信息技术小有成就,职称职位不断进步,有时自己越来越肯定自己的路选的没错,在女人堆里的那份孤独虽然越来越弱,却并没有消失,有时自己想当时的选择是么么无奈,坚持之后又变得不断优秀,"我是谁?我想要什么?这是他想要的还是生活的逼迫和无奈?"很久之前就想写一本书,把这么多年自己的经历和心理历程写下来,希望给后面从事幼教行业的兄弟们一份经验或一点信心。实际上现实往往不像自己想的那样,不是永远那么美好,也不是永远那么糟糕,更像一滩水,不时会激起你心中的波浪。但有一点是肯定的,那就是和孩子们在一起,看到听到孩子们因自己变得快乐、变得自信、变得勇敢、变得阳刚,那种快乐,那种释放,是这份职业带来的幸福感。

  2021年我有幸成为广东省中小学"百千万人才培养工程"幼儿园名教师项目中的一员,我心潮澎湃,知道肩上多了一份沉甸甸的责任,因此会思考下一步如何做、怎样做、如何才能做好。勇往直前是我心中的答案,带着当初的那份执着和内心的那份对孩子的爱、对幼教事业的爱。一路下来,身边有太多的贵人和师傅,在迷茫、徘徊时,有他们在身边给我鼓励和打气,一步一步带我成长,除了感恩就剩下感恩了,一辈子的感恩,他们的理解、包容、帮助和支持,让我当初的那份梦想得以实现。现在我也许不是当初那份青涩的脸,但内心还是原来的那个我,那个看到孩子一切迷茫和烦恼烟消云散,那个内心简单又傻傻的人。人的一生会碰到很多师傅、很多贵人,他们的启发和指点让我拨开迷雾快速成长,在自己迷茫困惑时找准方向。

  担任行政职位后面对琐碎的事情,感觉自己离孩子越来越远,虽然偶尔也会带孩子们进行体育活动,但都会被事务性的工作所牵绊。有时想:我留下来的精神支柱还在吗?现在是我要的吗?缺少了老师们和孩子们在一起的那种洒脱,毕竟职位在那里,这也是角色的要求特点罢了。名教师培养对象仿佛又让我看到成长中的自己、那个不断进步的自己。今后我要继续坚持上课、带徒弟、和孩子们在一起。我要把自己的特点、优点贡献出来,哪怕再苦再累也值得,因为这是我心中那份执着那份坚持的支柱,也是我心中的那盏明亮的灯。每每想到这里,顿时感觉身上责任倍增。

  只有本着"坚持初心,执着勇毅"的情怀,以感恩的心态勇往直前,在教育教学实践的道路上不断探索,方能走出一条坚定而执着的初心之路。

第五章

"坚守"阳刚之气

融入:"同化"之"危"

每一个职业都有其本身的职业特点,幼儿园也是如此。在幼儿园大多以女性为主,随着时代的发展,有越来越多的男教师也进入到该行业,成为幼儿园独特的一道风景。从幼儿发展的视角来说,男教师进入幼儿园,对幼儿的发展是有好处的,其果断刚毅的性格与女性教师的细腻相辅相成,对幼儿性格的养成大有裨益。从教育生态学的视角看,男教师在幼儿园是重要的存在个体,但是数量较少,其外界环境直接或间接影响着个体的变化。作为一名幼儿园男教师,是被女教师同化还是坚守本色,一直是行业比较关注的问题。幼儿园男教师在任何场合都是最亮丽的一道风景线,无论在拍照、教研、评估等集体活动时,男性的个体都较为明显地凸显出来。幼儿园需要男教师的阳刚之气,因此坚守本色是每一位男教师必须坚守的底线。社会性别理论提出,社会性别不同于生物性别,而是源于社会文化所塑造的角色期待和气质形象。

记得有一次幼儿园接受评估,在评估结束之后,评估专家对我说:"小伙子在幼儿园干了多少年了?"并开玩笑说:"真的不错,能在全是女人的环境中活下来,但要注意不要被她们同化了。"对评估专家的话我深有体会,有些幼儿园也招聘一些男教师,但往往时间不长他们就离开;还有一些男教师说话、行为开始变得女性化等。实际上他们的离开大多不是因为薪资待遇,而是社会的职业认同;他们的变化不是因为自己不努力,而是缺少了自己在幼儿园那份应有的本色。

  一天8小时在单位,环境对个体肯定产生影响,特别是长期生活在一个环境之中。如果这样理解,那就成了一个死循环,成了不可调和的问题。一名接受访谈的男教师说:"肯定是有被同化的男生,但对我们学学前教育专业的而言,实际在入学的时候就已经开始表现出来,不用等到幼儿园那个时间段,但大多数还是能够坚守男生的本色。体育专业毕业的男生进入幼儿园后相对好一些,被同化的概率可能会小一些。"实际上这是男教师对自身的角色没有正确的认知,幼儿园教师有其特有的职业要求,无论男教师还是女教师都要具备所在岗位的职业要求,都要适合和适应幼儿园岗位的需要,与性别无关。男教师应该坚守男教师的阳刚之气,同时也要学习女教师的细心和耐心之处,不但要扬长避短,而且更要扬长补短。在这里,"被同化"实际是个贬义词,"丢了夫人又折兵"。在幼儿园的工作环境当中,每个身边的人都是你的重要他人,要有虚怀若谷、积极学习的空杯心态,更要有坚守男儿本色的底气。但如果将这种底气误解为情绪之气、对抗之气,那就南辕北辙了。这种底气是坚守自己内心的那份阳刚之气、豁达之气,把自己当作一道光,积极地去影响他人、影响孩子,这才是本色的力量。真正的男儿本色,就是要成为幼儿园中坚力量,成为园长的左膀右臂,成为老师们的榜样,成为孩子们心中的"明星"。作为一名男人、男孩,就应该承担起应有的责任,要有"铁肩担道义"的气魄,更要有"勤奋服务于人"的心气。

  阳刚之气,是幼儿园之需、幼儿园孩子之需,作为男教师大有用武之地。心态对了,事就对了。通过"学习—实践—反思"的成长之路,快乐坚守,勤奋学习,在实践中不断摸索培养幼儿阳刚之气的路径。实际上,本色就是特色。幼儿园男教师自身的确具有女教师无法媲美的阳刚之气,无论在体育动作的规范性,还是动作的力度和幅度,都有男性特有的优势,这一点要永不放弃、永远保持。只要孩子出现在身边,都要把自身特有的阳刚之气带给他们,感染他们,与他们打成一片。同时有些幼儿园男教师具有体育教育的专业知识和对幼儿体育教育的专业理解,并通过自身多年的教学实践,形成了自身特有的经验和风格。无论男教师担任行政职务还是教师岗位,都永远不离开教学第一线,永远和孩子们在一起,因为你这份阳刚之气"以稀为贵"。

幼儿:"阳刚"之"法"

从2003年进入幼儿园起,根据幼儿园的需要和自身特长,我担任幼儿园体育专科老师、网络管理员、安全员的角色,除了上体育活动之外,电脑问题找我,安保问题找我,其他后勤的力气活儿找我,在别人看来我像是幼儿园的"打杂工",但我乐此不疲。别人的需要就是对我最大的认可!我当年写下"服务他人,快乐自己"的座右铭,并一直坚守至今。对于上体育活动,现在回想起来自己真是一个毛头小子,全身一股子劲,面对孩子却束手无策。记得在上岗之前,和大学学前教育专业的一同学在争论,幼儿到底喜欢什么游戏?同学说,幼儿喜欢扮演各种小动物,喜欢在操场上疯跑。当时我很是诧异,一直坚持竞争、比赛才是幼儿最喜欢的。现在想想当时是多么无知,对幼儿年龄段的特点一无所知。现在好多体育学院都设置了学前教育专业,相信不会出现他当年尴尬的局面。对于当年提炼出的"阳刚之气"培养之法,我一直在坚持实践,一直在坚守那颗本色之心。每当我看着一届又一届幼儿毕业,在他们身上看到那种刚强的性格、拼搏的精神,我心已足矣。

游戏是幼儿园活动的基本方式,体育活动也是如此。当年,我认真翻阅《幼儿园教育指导纲要(试行)》,发现其中实际就包含了培养幼儿阳刚之气的影子,比如"在体育活动中,培养幼儿坚强、勇敢、不怕困难的意志品质和主动、乐观、合作的态度",这实际上是要求在体育活动中培养幼儿"阳刚之气"的一个方面。虽然幼儿园多数是以女性教师为主,但并不影响幼儿"阳刚之气"的培养,教育的理念才是最关键的。在实际培养幼儿的阳刚之气方面,可以参考以下几点:

第一,注重以阳光的形象和刚强的性格影响幼儿。模仿是幼儿这个阶段最大的特征,教师要利用幼儿这时期的特征,从刺激幼儿的视觉、听觉等感觉入手,做好自身形象的定位。首先,教师要有活泼开朗的性格,给幼儿一种阳光的形象。其次,教师的语言要洪亮,给幼儿一种力量的感觉。幼儿不但能够清晰地听懂教师的言语,而且还能变成自身的语言,变成激励自我的语句。最后,教师要用自己刚强的性格去影响幼儿。

第二，注重幼儿自主实践经验的积累。好动是幼儿的天性，幼儿就是在自主实践中不断积累经验的，但在平时活动特别是体育活动中，很多教师过多地限制了孩子的发展。老是怕摔着、碰着，批评调皮的孩子，有时用杀一儆百的方法暗示其他幼儿，最后全班幼儿都成了老师们的"乖孩子"，这种做法完全抹杀了幼儿的"阳刚之气"。实际上教师完全可以大胆放手，让幼儿自己处理事情。磕磕碰碰是很正常的事情，也使这些幼儿获得的经验更真实，从而增加了这方面的积累，这也正是培养幼儿刚强性格的契机。随着幼儿经验的获得，磕磕碰碰将会越来越少，幼儿的性格也会越来越坚强。

第三，注重幼儿在享受成功体验中肯定自我。体育活动中的成功与失败都是即刻显现的，如一次投篮即刻就能体验成功与失败。对于一些个子高、身体强壮的幼儿能够不断体验成功的乐趣，而对于一些身体素质不是很好的幼儿来说则体验失败会多一点。在赛跑时，很多幼儿不愿意与跑得快的同伴一起跑，如果教师不采取措施，必然会导致幼儿对自我的怀疑。首先，在比赛项目中要根据幼儿运动能力的强弱进行分组。其次，设定不同的起跑线方法，谁最顽强谁就能第一。如在跑步中，教师估测一下同组幼儿跑的能力相差多远，然后能力弱一点的起跑线提前一点，这样每一名幼儿都有机会获胜。最后，帮助幼儿克服自卑心理。教师要为其创设出"最近发展区"，幼儿在不断肯定自我中得到发展。

第四，注重日常生活中责任感意识的渗透。一位具有阳刚之气的人必须具有良好的责任感，不然一切都是空谈。首先，教师可以把社会上富有责任感和正义感的角色或故事，融入游戏，幼儿可以在游戏中得到体验。其次，设定值日生，按时摆放和收拾体育器材。由于每次值日生都不同，幼儿要记住自己是哪一组的，要承担起全班体育活动前的准备工作，这样每一名幼儿都有一定的责任感。教师可以通过评比的方式，每个月选出一组最负责任的值日生予以奖励，把每位幼儿的责任感都带动起来。最后，以"大带小"的方式开展体育混龄活动。教师可以开展不同年龄段幼儿的体育活动，采用一名中大班幼儿带一名小班幼儿的方式展开。大班幼儿在自己玩游戏的同时，也要照顾好小班的弟弟妹妹玩游戏，增强他们的责任感和义务感。

对比身边的女教师男教师还有很多不足之处，比如女教师更注重体育活动的情境性和故事性，通过创设幼儿喜欢的情境引人入胜，幼儿通过角色扮演参与体育活动,同时结合情境的任务达到体育教学的目标。同时女教师更加细心细致,更容易兼顾到不同类型的幼儿,特别是在保育方面,注重穿脱衣服、擦汗等细节的处理,这些恰恰是男教师容易忽视的。男教师要学会继续发挥自身优势,把自身特有的阳刚之气、男教师特有的专业动作等继续发挥到极致,同时多思多想,如何创设更符合孩子需要的情境,如何做好体育活动中的保育工作,细致用心,不断突破自身的限制,努力成为一名独具风格又细心周到的男体育教师。同时多看多学,向身边优秀的同事学习,不断创新教学的方式方法,创新幼儿喜欢的教学内容,从体育材料、策略等多角度入手创新,把自己当作幼儿的"大玩具",同时能够结合不同幼儿的发展水平,有针对性地因材施教,兼顾不同个性的幼儿,真正满足所有孩子的需要。

第三篇

态度上的蜕变:亲和力

作为一名幼儿园教师,我深知在工作中亲和力的重要性,需要我们拥抱每一个孩子的成长,与他们共同分享成长的喜悦和欢笑。

作为孩子们的启蒙老师,我充满亲和力和温情,让他们感受到自己的存在和价值,并激发出他们追寻梦想的勇气和热情。我的温柔的声音能够感受到孩子们的温暖和纯真,让他们感受到我的爱和支持。我尊重孩子们的想法和意愿,积极与他们交流,让他们感到被理解和被尊重。我的姿态和眼神伴随着孩子们的每一天,成为他们心灵的避风港和庇护所。为孩子们的成长,我不断努力,为他们创造出安全、温馨的环境,让他们畅享无限的幸福。我的目标是成为孩子们的美好天空,在他们的心中撒下希望的种子,散发真心和亲和的光芒,让孩子们成为更加快乐和自信的人。

带着爱心和亲和力,在爱的花园中与孩子们一同行走,让正面能量在孩子们的人生中播撒,共同建立一个更加美好的未来。

第六章

"凸显"君子品格

君子：为师之"道"

"君子"一词的合称首次出现在我国最早的官方史书《尚书》中，并多见于《周易》《诗经》《论语》《孟子》等多部中华优秀传统文化经典著作中。在儒家典籍中，"君子"主要有多种含义，比如指单纯的自然人，不受性别及所承担的社会角色的限制，比如指有德之人、有才之人等，并把修身为君子作为个人的追求目标。孔子提出的人格境界分为小人、士、成人、君子、仁者、圣人，正是从道德层面予以划分，其中成人、君子、仁者和圣人被称为理想人格。现实中，我们看到不少男教师的负面报道，不要谈君子，就连基本的成"人"都不是，连小人都不如，更甚者说"猪狗不如"。我们修炼的基础应该从成人开始，做一名有健全人格的人，生而成人、生而为人，而不是私欲无德、生而为鬼。成人，即见利不忘义，困境不忘初心，欲望面前懂得约束，是一位人格健全的人。君子，内外兼修，文质彬彬。仁者，德高且推己于人。圣者，德才功兼备，像孔子一样境界的人。

在我国传统文化中，"君子"与"君子品格"备受尊敬和推崇。他们代表了人们对于高洁的道德修养、广博的学识和高度的文化素养的美好向往和追求。君子品格以仁为中心、以礼为准则、以智为指南、以勇为基础、以忠诚为宗旨，是中国传统道德体系的核心理念之一，对中国人的行为和思想产生了深远的影响。师者，传道授业解惑也。作为传教者和启蒙者，教师更是这种君子品格价值体系的体现和载体。君子教师,是通过不断的理解和完善自身,结合教育实践,实现完整的仁善勇毅的君子品格和知识体系的培养和传递,从而教育出更多具有君子品格的学生。践行增进人的灵魂幸福和心灵健康的教育使命,是君子存在的一种重要的形态。

从君子的道德体系出发,可以看出君子品格与为师之道的关系。君子道德体系,是中国传统文化中最为重要的价值观之一,诸如"天行健,君子以自强不息;地势坤,君子以厚德载物""君子坦荡荡、小人长戚戚""侈则多欲。君子多欲则贪慕富贵,枉道速祸""君子之学,死而后已""君子忧道不忧贫""夫君子之行,静以修身,俭以养德,非淡泊无以明志,非宁静无以致远"等关于君子德行的论述浩若星海,在悠久的历史中,形成了完善的道德体系。君子道德和君子品格对中国人的行为有着重要的影响。

仁义礼智信,又称"五常",是儒家思想中的核心价值观点。"五常"即君子闻道,即是将社会中普遍认可的、美好的道德品质,转化为内在的品德信念,同时又可以将道外化为具体品德行为,实现知行合一,从而探索并造就高洁的品性。"和则同、同则善",君子,即是上述品德集大成者,是真善美的探索者。从哲学上讲,"五常"是一种研究人、人与人及人与万物的恢宏观念,具有普遍性和永恒的意义。理解"仁义礼智信"的核心要求,可以更好地运用中国传统文化精髓,用以指导日常的工作。比如,"仁"是一种首要的素质,是君子之道中最为重要的品德。从道德的角度来看,仁可以被解释为一种基于爱和理性的品质。仁是这个社会基础的道德核心,是以慈爱、善良、宽容、忍让、同情、体恤、关怀、神圣为主要内容的道德思想。"己所不欲、勿施于人",君子是具有仁慈品质的人,他们尊重别人,体恤别人的感受和需求,愿意与他人、自然及万物建立平等和谐的关系。与此同时,一个具有仁的品质的人,会乐于吸纳外界的观点智慧并不断内化为自身的思想体系,外化超越自我的不断行动。义是人们对于行为、态度、言语和做事等方面的义务和责任感。同时,义也是人们为了维护正义、公正和道德原则而发挥的行为准则和规范。在中国传统文化中,义的道德理念,具有重要的价值和意义,古代圣贤的思想都体现出对义的高度重视和实践。义的道德规范,会使君子具有公正公平的思想,并体现到以诚信、友爱、公正的态度去对待自己和他人。遵循义的君子品格,会遵循基本的中正、大道的处事方式,构建稳定和谐的社会关系和人际关系。

作为承载与传播国家文化和人文精神的重要群体,教师的德行中也必须有仁爱、公正、勇敢等君子品质。君子品格中的道德价值观与教师的高尚品格要求具有高度一致性。具有君子品格的老师,应该仁爱、守信用、讲道德。君子以诚信、敬业和良心为基础,教师德行中必须有诚信、尊重他人和关爱学生等因素。严谨认真,勤奋好学。君子知识丰富、思考深刻,教师需要具备严谨认真、不断学习和提升的精神。公正无私,知耻近勇。君子有大义凛然、不惧困难的胆略,教师德行中需要有公正无私、以学生为重的意识和勇气。在日常工作中,老师应做到公平、公正地对待每一个学生。公平正义,首先是不先入为主,不能因为个人喜好偏爱或厌恶某个学生,特别是不能给学生贴标签。日常工作中,教师应对每个学生一视同仁,维持好稳定良好的师生关系。同时还要追求卓越,不为物动。君子具备高度的责任感和追求卓越的品质,教师需要以高标准、高质量为目标,不受外界物质和环境的干扰。

师德与专业态度是教师职业的基准线,尤其幼儿园教师的教育对象是身心发展迅速、可塑性强、同时易受伤害的幼儿,更需要师德高尚,具有良好的职业道德修养,富有爱心、责任心、耐心和细心,热爱幼儿,并给予幼儿精心的呵护和教育培养。君子品格是人类社会在道德方面的基础和灵魂,是我们在现实生活中行为态度的准则和规范。获得良好道德素质的人将成为骨干,促进社会进步,创造更美好的未来。

外修:亲和之"力"

"礼,有质有文。质者,本也。礼无本不立,无文不行,能立能行,斯谓之中。"孔子此言"文",指合乎礼的外在表现;"质",指内在的仁德,只有具备"仁"的内在品格,同时又能合乎"礼"地表现出来,方能成为"君子"。《学记》中也提到"故安其学而亲其师,乐其友而信其道"。作为幼儿园的男教师除了内修素养,外也要"彬彬有礼""落落大方""和蔼可亲",做到内外兼修。

目前,中国幼儿园男教师的亲和力存在一些问题,主要体现在以下几个方面:第一,缺乏亲和力的培养和强化。在幼儿园教育中,男教师相对较少,这导致男教师的亲和力较弱,需要通过专业培训和实践经验的积累来逐渐强化。第二,传统性别观念对男教师亲和力的影响。传统性别观念导致一些家长和学生认为女性教师更具亲和力,从而影响了男教师的职业发展,同时也影响了男教师与学生、家长之间的互动。第三,社会舆论对男教师亲和力的影响。在社会舆论中,存在一些对男教师的偏见和歧视,从而影响了男教师的职业发展和亲和力的发挥。男教师在幼儿园中的角色和作用越来越受到重视,但他们的亲和力不足仍是存在的问题。为了提高男教师的亲和力,需要从培训、建立互助网络、优化管理机制、增加数量等多个方面入手,共同努力提高男教师在幼儿教育中的地位和作用。

幼儿园需要针对男教师的职业特点和需要,开设专业的培训和实践课程,强化男教师亲和力的培养和实践经验,加强男教师的教育教学技能和亲和力的培养。男性往往在情感沟通方面存在困难,这也是影响他们与幼儿建立亲密关系的一个因素。因此,培养男教师的情感沟通能力非常重要。可以通过专业培训和教育来加强男教师的情感表达和沟通技巧,以便更好地与幼儿互动。对男教师进行针对性的培训,以提高他们的亲和力和沟通能力。培训的内容可以包括课程设计、教学技巧、教育心理学等方面,以帮助他们更好地理解幼儿、更好地与幼儿沟通。

需要改变社会传统性别观念,认识到男教师在幼儿园教育中的重要性和存在的优势,消除家长和学生对男教师的偏见和歧视。幼儿园需要重视男教师的职业发展和亲和力的提升,加强对男教师的关注和支持,为男教师提供更好的工作环境和发展机会。为了让男教师能够更好地相互学习和支持,可以建立男教师互助网络,通过网络平台进行交流和分享,共同解决工作中遇到的问题。此外,可以通过举办男教师培训班、研讨会等活动,让男教师有机会聚集在一起,相互交流和分享经验。男女教师之间的协作可以提高团队合作能力,增强幼儿的学习效果。在幼儿园中,男教师和女教师可以互相学习、互相支持、相互促进,共同为幼儿的发展努力。这不仅可以促进男教师的专业发展,也可以提高整个园所的教学质量。促进男女教师之间的平等互补,加强男女教师之间的合作和沟通,提高男教师的亲和力和职业发展水平。

幼儿园管理者应该重视男教师的角色和作用,给予他们更多的支持和认可。可以通过改变教育管理机制,鼓励男教师参与到幼儿园各项管理工作中,如安全保卫、卫生保健等,以提高男教师的参与感和责任感。

在幼儿园中,男教师可以充当良好的男性角色模型,教给幼儿如何健康成长,并培养他们对男性角色的理解和认同。通过模范行为和言传身教,男教师可以帮助幼儿塑造正确的性别观念,促进幼儿的全面发展。为了提高男教师的亲和力,需要增加男教师的数量。幼儿园可以通过招聘、奖励等方式,吸引更多的男教师加入幼儿教育行业。此外,政府可以出台相关政策,鼓励男性从事幼儿教育工作,提高男教师的职业吸引力。

通过以上措施,可以有效地提高幼儿园男教师的亲和力,促进男教师与幼儿的亲密关系的建立,从而更好地发挥男教师在幼儿园中的作用。此外,要通过舆论和政策的引导,逐步消除男教师职业发展中的性别困境,实现男女教师的平等发展。综上所述,针对幼儿园男教师亲和力不足的问题,仍需多方努力。

内修:上善之"水"

"上善若水""水利万物而不争"。所谓修身,本质上就是纠正自身的言行以及起心动念,从而提升自身内在的涵养、格局。幼儿园男教师在幼儿园发挥着越来越重要的作用,而作为一名优秀的男教师,具备"水利万物"的服务精神是非常重要的。服务精神是指以服务为核心的一种理念,它是一种社会责任感和使命感的体现,体现在对幼儿的爱心、关心和责任感上。一方面,男教师在幼儿园中具有独特的优势,他们通常拥有较强的体力、技能和知识水平,能够在幼儿园中承担更多的工作和责任。男教师可以帮助幼儿更好地锻炼身体、探索世界、开阔视野,更好地引导幼儿认识社会,提高他们的社交能力和自我管理能力。另一方面,男教师在服务中也面临着一些困境和挑战。例如,男教师在幼儿园工作中可能面临的性别歧视、职业认同、工作压力等问题,这些问题对男教师的服务精神形成了一定的制约。同时,在幼儿园工作中,男教师也需要不断提高自己的服务意识,增强自己的爱心和责任感,从而更好地为幼儿服务。

为了有效地发挥男教师在幼儿园中的服务精神,需要从以下几个方面进行改进和提高:第一,推广性别平等教育。要充分认识男女平等的重要性,提高人们的性别意识,消除性别歧视,创造一个公平、平等的工作环境。第二,建立男教师专业成长机制。制订男教师职业发展计划,为男教师提供更多的学习机会和职业发展渠道,提高男教师的职业认同感和自我价值感。第三,培养男教师的教育理念和服务意识。加强男教师的教育理念和服务意识的培养,提高其对幼儿成长的认识和对幼儿需要的关注和照顾。第四,营造良好的工作氛围。为男教师创造良好的工作环境和团队氛围,加强团队合作和沟通,营造和谐、积极向上的团队文化,使男教师感受到工作中的幸福感和成就感。可以通过举办教师团队建设活动、制订有效的工作计划和考核机制、加强师德师风建设等方式来实现。同时,也需要给予男教师充分的尊重和重视,让他们感受到自己的价值和地位,提高他们的工作满意度和归属感。只有这样,男教师才能更好地发挥自己的服务精神,在幼儿园中发挥更大的作用,为幼儿的健康成长做出更大的贡献。

此外,幼儿园男教师还要务必主动做到以下几点:第一,积极主动地投入教学活动。男教师在教学活动中要积极主动,关注幼儿的情感和行为发展,认真观察和记录幼儿的表现和进步,并及时与家长进行沟通。男教师还应该创新教学方法,不断提升自身教育教学水平,提高教育质量。第二,体现独特的个人特点。男教师应该在自身的教育教学工作中发挥独特的个人特点,注重个性化教育,为幼儿提供多样化的学习机会和体验,激发幼儿的学习兴趣和创造力。第三,强化教师职业道德。男教师要强化自身职业道德,遵守职业操守和道德规范,秉持专业精神,恪守教育教学原则,为幼儿提供优质的教育服务。

男教师在服务幼儿、服务家长和服务社会的过程中,应该注重自身素质的提升,加强教育教学技能和实践能力的培养,同时注重自身情感体验的准确表达,充分发挥自己的优势,不断完善自我,提升自我认知水平,为幼儿的成长和发展提供更好的服务。

沉潜：倾听之"静"

好奇心是孩子感知和探索世界的"发动机"，这种动力是无穷无尽的，是幼儿学习与发展的前提条件。然而幼儿也会因好奇心引发一系列的问题，教师对此该怎么看、怎么做，才能体现教师的专业性？

有一次，我刚做完体育活动，正准备上楼，看到一名男孩子正专注地看着消防警铃，还尝试性跳起来触摸红色的按钮。我心里一惊，马上上去制止，"不要乱按，按了全园会响起警铃的！"那个小男孩赶快跑开，我也离开了。过了大约一个小时左右，全园警铃响起，原来那名男孩子又偷偷去按了警铃。我知道后第一反应就是非常生气，"这个男孩子也太调皮了，说了也不听"，但我很快陷入了沉思：我该怎么做才是适宜的？如果当时我不去阻止，警铃那么高可能不会够到，是不是我的语言更加激发了孩子的好奇心？后来我并没有批评那个孩子，而是以此为契机，和他好好聊了一下消防警铃的作用、什么时候才能按消防警铃等相关知识，等待批评的他非常意外，听了我的讲解之后羞愧地点了点头。后来反思此事，庆幸自己没有意气用事，而是"三思而后行"，保护了孩子的好奇心。后来我一直在思考：为什么我平时让孩子去做的事情他不会去做，至少是不情愿去做，而这个"警铃"却时刻让孩子牵挂，以至于付诸行动"非要试试不可"。"赶着不做，不赶反而主动做"，这就是幼儿好奇心的威力。这个案例让我有了更深刻的体会，我们不是把知识硬塞给孩子，而是要激发幼儿的好奇心，让幼儿主动去探索、去感知，这样的学习才有意义。

在《窗边的小豆豆》一书中，小林校长对小豆豆的提问懂得精心倾听，耐心、认真聆听了小豆豆近四个小时的表达和讲述，小豆豆感到"平生遇到了自己真正喜欢的人"。小林校长其他什么都没做，却起到如此有威力的效果。孩子应该有自己的话语权，更需要有耐心倾听的知心人。因为小豆豆感受到来自小林校长的尊重，他是一位喜欢听自己讲话的人，是一位喜欢自己的人。这种情感的尊重产生了"他是我平时遇到真正喜欢的人"的情感转换。钱穆先生对"心灵"的教育曾做过非常精彩形象的比喻，他将"心灵"的教育喻作"空房"。其潜台词是,当代工具理性主义、功利主义、技术主义视野下的教育太过追求物质的人生、职业的人生、成功的人生,造成了本应恬静的心难以"静"下来,"闲"下来,"停"下来,最终导致教育离儿童的心灵世界渐行渐远(引用姜勇《幼儿教师专业发展》)。的确,幼儿园教师需要把心静下来的外部环境,但自身把心静下来岂不是一种更加主动的方式。

我们不但要倾听幼儿的声音,我们还要倾听幼儿园历史的声音。一名校友回幼儿园,他看到了儿时玩的紫色小车还在那里,兴奋、开心,二十几岁的大人仿佛又变成了孩子,一个紫色小车成为他儿时的回忆、儿时的见证。仅仅一部小车而已,却有这么大的"杀伤力",这就是成长的回忆,带着时间的味道,带着儿时的甜蜜,这是幼儿园厚厚情感的"沉积"。

做了行政之后,我想的更多的是怎样发展、怎样创新的问题,特别是在教育教学方面。也正是在担任业务副园长的几年,让我明白,发展肯定要创新,但一定要传承,而不是一竿子把之前的全部打倒。带着历史的眼光看问题,体现了一个人的修为,更体现了一个人为人做事的"低调"。"沉淀"是包含了一间幼儿园历史的痕迹,当我在特色追寻中无法自拔时,一名专家和我说:"你们幼儿园的基础还是非常厚重的,要学会在历史中寻找机会。"这句话包含了对我们幼儿园的肯定,也体现了我们在苦苦追寻时"忘记历史"的状态。一间幼儿园厚重的历史就在那里,看你如何去挖掘,"继往开来"做基础,"锐意进取"做动力,只要有良好的儿童观、教育观,我们就可以在历史的车轮中不断前进。

诸葛亮在《诫子书》中谈到"修身"时说道:"静以修身,俭以养德,非淡泊无以明志,非宁静无以致远。""静以修身",修的不只是自己,还有我们心里牵挂的孩子。教师的专业发展最终要实现的就是"立德树人"的根本任务,教师要做"人师"而非"经师",应体现"育人"的根本遵循。教育是解放、是唤醒,幼儿教师的专业成长不仅意味着专业知识和技能的掌握,更意味着"心灵"和"精神"的成长。精神取向的情意性,更加注重师幼之间的情感互动和心灵交流,追寻心灵、情感和生命的意义,教师才能获得身为教师的幸福。

第七章

"踏实"憨厚之风

秉性:奉献之"姿"

幼儿园的工作总是那么琐碎和细小,看似不重要的工作如果坚持做、带着一颗负责的心去干,总能给人带来"幸福感"。每逢幼儿园放学,总有一个人把班牌夹到棍子上,举着棍子站在一边,家长习惯性地看一下班牌,知道自己孩子的班要放学了。这个夹棍人就是我,我一夹就夹了11年,无论风雨从未停止。从和家长的不熟悉,到越来越多的家长和我打招呼,还有的送上"辛苦啦"之类的温暖话语。这么多年过去了,仍有家长在路上与我打招呼,因为太熟悉了,熟悉幼儿园门口的这个"夹棍人"。

作为幼儿园除保安外唯一的男性,有义务担起放学保卫的这份职责。虽然是园长安排的,但我内心一直有这份执着的责任感。虽然只有半个小时,我都眼观六路、耳听八方,随时准备应对突发事情,用朋友的话说就是"比保安还保安"。但正是这份坚持,11年内我负责的班级从未发生一起安全事故,也让我从内心再次确认了我的重要性(虽然我起到的可能只是一小部分作用)。也正是这些经历,让我看重幼儿园的每一个人,无论什么岗位,都是幼儿园大家庭不可或缺的一分子,因为我的经历让我懂得他们的不易,也正是有那么多负责任的"站岗人""夹棍人",才让幼儿园正常运行,让家长满意放心,让孩子们快乐幸福成长。

一个人的职业幸福感不在于获取多少,而在于付出多少。你现在的经历,无论你喜欢与否,都将成为你今后最宝贵的财富。

态度:赤诚之"态"

"一屋不扫何以扫天下",事事尽心,不挑肥拣瘦,每一个任务都是平台,事务性工作也是专业。"任务下来不讲理由""不但要做好,还要做到最好",这是每一位男教师应该有的底气和担当。体育器械是幼儿园户外活动必备的硬件设施,也是幼儿园规范化办园的重要评估指标。幼儿园体育器械丰富多彩,数量和种类也越来越多、样式也越来越美观,但对于幼儿园体育器械的维护和管理却是一片空白,甚至出现了无人维护和管理的状态。随着问题的出现,幼儿园进行统筹安排,安排我做幼儿园体育器械的管理人,从此我就当上了体育器械的"小管家"。对于我这样一名男教师来说也是一个不小的挑战,男人本身就不够细致,体育器材每天都在用,都要归类管理和存放,让我一度陷入迷茫。迷茫如何管理,迷茫为什么让我做这样一件与教学无关的事情。

体育器械的管理不但关系器械管理的问题,管理得不好更会影响幼儿园正常教育教学工作,给幼儿园户外活动带来安全隐患,想到这里我想起了陈鹤琴先生说过的那句话"一切为了儿童",我做的这一切都是为了孩子的发展,顿时我信心倍增,"只要对孩子好,无论做什么必须到最好",接下来就是"撸起袖子加油干"!

现场蹲点找问题。一有空我就拿着一个小本子,去器械室现场观察,并拍照记录体育器械的各种状态。功夫不负有心人,通过整理记录的内容,我发现幼儿园体育器材维护与管理的现状普遍存在三个问题:第一,摆放混乱,没有分门别类。体育器械摆放呈现无序状态,各种体育器材堆在一起,没有明确的对位标示或摆放位置。第二,维护混乱,没有专人专管。随着器械的长期使用,或多或少有一定的损耗或损坏,而因无人管理,造成器械不能正常使用。第三,取放混乱,没有登记制度。取放器械没有专门的登记册,往往是"谁用谁拿、拿完不管"的状态,从而出现器械的混乱或丢失。

第七章 "踏实"憨厚之风

深入研究找方法。"当你不会的时候,你要学会借用别人的大脑。"经园长联系,我有机会向其他幼儿园取经,并把好的做法记录下来,拍摄下来。记得当时非常流行"五常管理法",通过文献学习、现场观摩学习,我不断总结别人的经验,分析幼儿园体育器械的现实问题,找出适合本园的四大管理方法。

1. 符号标示法

(1) 体育室器材的文字标示。体育室要供全园师生使用,使用后往往难以正确归位。对此,我们可以采取文字标志加以提示,以便老师使用完后对应归位。文字标示必须清晰醒目、牢固耐用,如,标示要过塑过膜以防潮湿。

(2) 区角器材的图片标示。区角的体育器械往往是幼儿自主取放的,所以通过给器械区贴上相应的图片标示,便于幼儿使用后归还。我们使用各种标志和图文提示是为了给幼儿一个"不说话的好老师",在取放体育器械时得到相应的暗示和指引。

2. 责任到人法

(1) 专人管理。体育器材并非任意使用、无须管理。幼儿园体育器械面向全园开放,磨损较快,需要及时更新;器械较多,需要及时整理并检查其完整性和安全性。对于体育器械的管理必须有人专门负责,以提高体育器材管理的有效性。但需要指出的是,对于简单易做的事情,可以自行处理;对于需专业人员才能完成或烦琐复杂的工作,汇报行政后,安排人手共同完成。

(2) 轮换负责。体育器械的管理工作是一项单一而又烦琐的工作,不能单靠一人之力完成,而应采用级组轮换管理或班级轮换管理的方法。具体管理工作包括体育室及体育区角器械的检查、整理及归类,登记册检查,器械标示的检查等。此外,体育器械管理者应起到监督的职责,对于没有完成任务的级组或班级给予督促或提醒。

3. 登记管理法

(1) 取放登记。对于体育室内器材的取放应该有专门的登记册,以"谁用谁负责,谁用谁登记"为原则。登记册内容应包括取放器材名称、借用时间及归还时间、借用人签名。这样可以确保器械使用的规范化和秩序化,如出现器械不见或丢失的现象,可随时对体育器械进行追踪。此外,登记册应放到固定的位置以便取放,老师登记后应放回原位。

(2)损坏登记。在使用体育器械时发现有些是损坏的或不能正常使用的,一般会放到一边不去理睬或无处登记,即使告知管理人,管理人也难免出现疏漏。因此,必须有专门的体育器械维修登记册,以便于及时维修或更换,保证教育教学的正常开展。此外,对于已发现问题的体育器械应立即树立警示标示或收起,以避免安全事故的发生。

4.分类管理法

(1)按需摆放。器械是为老师和幼儿服务的,对于器械的摆放要根据日常教学的需要。第一,体育室内器材应按照使用频率的多少合理摆放。一般使用频率较高的体育器械应摆放在体育室容易拿得到、最显眼的地方;使用频率较低或很少使用的体育器械应放在里面或下面。第二,体育室外应设立专门的器械架,常用小型材应分篮子放置在器械架上。体育室一般比较狭小,东西较多,不适合幼儿独自进入,因此,设立室外器械架有助于幼儿参与器械的取放或归置,培养幼儿的责任意识。

(2)分类管理。不同的体育器械具有不同的特点,需不同的维护方法,需分类进行管理。幼儿园现有的体育器械一般分为以下几类:①布料类的体育器械。包括海绵垫、沙包、布球等。此类物品一般比较容易发霉,怕水怕潮湿,应放置在通风、干燥的地方。应该定期晾晒,一般做到每周一次。②皮革类的体育器械。包括篮球、足球、皮类体操垫等。此类物品容易开裂,怕水怕暴晒,应放置在通风防晒的地方。如,球类可摆放在搁球架上,搁球架可摆放在风雨操场一角。③塑料类的体育器械。包括沙水玩具、塑料哑铃、塑料拱门等。此类物品长期暴晒容易老化,应放置在避免阳光直射的地方。塑料类器械一般不怕水,容易保存,但要注意清洁卫生,如沙水玩具上不能带有沙水,以免发霉。④钢铁类的体育器械。因此类器材的安全性差,一般多用于大型器械、车类等器械的支架,如立柱、荡桥、秋千架、吊环等。因此类物品是固定的,表面都有防水油漆,一般是要做好此类器械的安全检查,如,螺丝有无松动或脱落、有无尖锐凸起等。⑤绳子类的体育器械。跳绳一般是麻类或纤维类制品,潮湿容易发霉,所以应搁置在通风口处的篮子里。一般攀爬网应设置在风雨操场内,而秋千绳最好使用不锈钢锁绳。此外,对于自制体育器械应该按照其自身属性做好防潮或防晒工作。

第七章 "踏实"憨厚之风

行动:服务之"美"

每一间幼儿园大多都会有固定合作的电脑维保公司,公司承诺48小时内解决幼儿园发生的电脑故障。但这48小时,给幼儿园的备课带来了不小的影响。本来教师备课的时间就非常少,电脑一坏,当周的备课基本要加班才能完成。因为我在大学时自学过一段时间的电脑维护知识,虽然微不足道,但也能上阵,临时承担起维修电脑的"任务"。无论碰到什么问题,我的方法就是两招:重启电脑、拔掉内存卡擦一擦,但就这两招也赢得了大家的认可和肯定。随着电脑故障的多样性,我开始研究第三招:有事问"度娘"!我把问题输入百度里,研究百度里面解决问题的方式,通过多次实践和尝试,有几次还真给我"蒙"对了,就这样一次、两次、三次……我都不记得有多少次的修理尝试、多少次的成功与失败,虽然我不是专业的电脑维修人员,但在大家的心目中我就是她们电脑的"救星"。正是大家的鼓励和认可,激发了我学习的动力。我开始购买计算机专业书籍,研究计算机维护的技术,慢慢地从电脑到打印机、从电视到服务器……我乐此不疲,一边学习一边解决现实中的问题,"做中学,学中求进步"。就这样一直做了13年,直到调到其他单位担任行政职务,即使这样我也改变不了这个学习和实践习惯,遇到老师们棘手的电脑问题,总会主动先尝试去帮忙解决。

记得当时信息技术的浪潮铺面而来,用信息技术教学成了一种"时尚",幼儿园面临多媒体软件的开发,作为幼儿园老牌"维修工",老师们把希望寄托于我身上。面对这份"寄托",我开始研究 PowerPoint、Flash 等软件的用法,开始尝试制作简单的动画和课件,也正是从那时开始,我又开始用我的新三招:解读教师的课件要求、撰写课件脚本、制作课件,也正是这三招再次赢得大家的赞许。开始有教师加入我的"徒弟"团队,学习制作课件,研究课例、微课的制作,研究图片、声音、视频编辑的技巧。这段时间,我园多媒体软件频频获奖,成为区内为数不多的"佼佼者"。

技术永远是教学的辅助手段,不可能"喧宾夺主"。信息技术从1.0时代进入2.0时代,给幼儿园信息化建设带来了挑战。此时我已经是幼儿园的业务园长,面对此任务的到来,并没有感到压力,反而格外兴奋,因为我经历"维修工"时代、"课件"时代,对于信息技术与五大领域的融合创新信心满满。但现实给我泼了一脸"冷水",信息技术"减负、提质、增效"的新要求,基于园本实际、协同共进的新路径,让我"丈二和尚摸不着头脑"。随之而来的是同事们的迷茫无助,有叫苦声、抱怨声,对此我并没有气馁,反而热情高涨,主动走到同事们身边开展实地调研,也正是我这份热情和亲和力感染了大家。大家一起针对"信息技术2.0"的现状找问题、想办法,最终找出适合我园园情的新路径:基于领域独特方法的信息技术与五大领域融合创新。

"一条鲶鱼进入沙丁鱼的生存环境,从而激发了沙丁鱼的生存能力",这就是著名的鲶鱼理论。一名幼儿园男教师进入幼儿园教职工团队,要通过自身的热情和能力激发同事们的热情,在这个过程中伴随自身专业性的不断提升。用亲和力融入集体,用亲和力改变他人,包括他人对自己的看法。

第八章

"彰显"温柔一面

掠影:柔情一"瞬"

一次我去观摩一节男教师执教的小班体育活动:大灰狼和小白兔。整个活动期间,我被"前辈级"的男教师上课的魅力所吸引,活动中老师幽默风趣,孩子们兴高采烈,现场有笑声、有汗水,赢得全场观摩老师的称赞,"上体育活动还得男教师上阵",身边几名女教师评论道。我认真记笔记、认真体会活动的每一个细节,感觉收获满满。活动进入高潮之际,那名男教师突然穿上一件带着毛皮的大灰狼服饰,再次冲进"小白兔"的队伍里,这次孩子们吓得到处乱窜,还有几名幼儿被吓得哇哇大哭。协班老师非常机智,马上上前拦住"大灰狼",说:"大灰狼,快走开,我们已经到家了!"这种突发的状况让全场观摩的老师感到很意外,更让执教的男教师束手无策,现场十分尴尬。男教师也很是机智,赶快脱了那套衣服,和协助老师一起带着孩子做放松操,草草收场。放松的时候,在孩子的眼里也看得出恐惧,故意和老师拉开一些距离。太过真实的道具是不适合幼儿园的,特别是诸如大灰狼这种让幼儿心理"恐惧""紧张"的道具,游戏本身就是假装的,这种道具再加上男教师那勇猛而有力量的形象,反而成了孩子们心中的噩梦。

小班的孩子年龄比较小,天生对女性亲近,而面对幼儿园的男教师,特别是长得人高马大、表情严肃的男教师,会产生恐惧心理,这也是孩子天生的一种自我保护。男教师在活动中扮演大灰狼、大鳄鱼等凶猛角色的时候,更应该注意自身的动作、速度和表情,可以原地不动只是用声音,比如"大灰狼来了",逐渐过渡到假抓,故意不抓到孩子。即使真抓的时候也要注意力度和速度,变成一只"受伤的大灰狼",永远跑不过孩子。只有这样才能让孩子真正感受到教师的亲和力,而不是引起幼儿的恐惧心理。同时可以和班主任老师一起配合,男教师抓、班主任老师保护,给小班幼儿心理减负。

在探讨幼儿园男教师"亲和力"之前,我想到了教育生态学理论。教育生态学就是将教育以及整个大的生态环境相联系,并以其二者的相互关系及其机理作为研究对象的一门新兴学科,也就是研究教育与周围生态环境之间相互作用的规律和机理。我们进入幼儿园男教师具体的生活状态中去看男教师与同事领导的碰撞,去看与幼儿园氛围和环境的联系,去看与家长、幼儿的沟通,来归纳促进其成长的主要因素。接受访谈时一名男教师说:"男教师如果对小朋友用心的话,家长是看得到的,就拿自己举例,在实习那段时间,我带了一对龙凤胎。那时候作为一名实习生,那两个小朋友让我特别头疼,但我特别有耐心,然后家长通过手机摄像头看到我对孩子的关心,他们对我的认可度还是比较高的。那两个孩子每天跟着我,从孩子一入园的不适应,我手把手慢慢一路带过来,家长看到了我们的辛苦和耐心。"他说:"家长看到男教师带着孩子玩体育游戏,看到很有活力的样子,内心是愉悦的,实际对男教师是非常认同的。但在与老师沟通孩子问题的时候,家长更喜欢选择女教师。"

一名教师的职业生涯都会经历从适应、胜任、成熟到更新的发展阶段,但这些阶段也不完全是由每个阶段的时间来决定,有的教师从适应到胜任阶段就结束了,直到退休,也有的教师有专业成长加速度,很快就进入成熟阶段,突破瓶颈进入专家型教师阶段。教师职业生涯的专业发展受到多重因素的影响,有来自外部的关键人物和事件,也有来自内部的专业发展主动性因素,教师的内部素质起到至关重要的作用,即情感因素和人格因素。教师个人的情感经历、情感经验、情感能力和情感品质,往往体现了教师对职业的热爱和信念,体现了背后人性情感的温暖,也只有这样的老师才能教出有温度的学生。幼儿园男教师由于性别困境的困扰,往往是情感"最丰富""最敏感的",特别是职业初期。幼儿园男教师在幼儿园的"流失",往往是情感得不到关注或无法自我化解。在幼儿园男教师的职业生涯中,情感因素是个永恒的话题。尊重感、效能感、价值感等都影响着男教师的职业发展。在专业发展的路上,男教师对自我情感的修炼势在必行。教育是有温度的,面对一群天真活泼的孩子,教师的情感往往起到"榜样"的作用,能调动孩子的参与度、喜欢度,也能让孩子感受到教师那种"爱"的温度。

教师是人,也育人。情感影响教师的情感育人,影响教师的内驱力和应对危机的能力,是教师专业发展的灵魂和源泉。男教师在幼儿园有大把表现的机会,千万不要有"事不关己高高挂起"思想,这些正是体现自身价值的最好机会。这也是提高自身亲和力的最好机会。有的学者基于教师的生活史去研究教师的情感问题和专业发展的关系,追寻教师情感的本体价值,也体现出对教师专业发展的研究从工具论、规范论到本体论、存在论的转变,虽然受到个体情感复杂性和模糊性的影响,但研究更加立足个体、直面生活。男教师进入幼儿园这样一个性别差异巨大的环境,面对年龄较小的孩子,面对身边的同事,需要一个"进化的过程",但进化不是被性别同化。这个"进化的过程"必须有面对家长、同事、园长、孩子的亲和力,亲和力是一切沟通和协调的"润滑剂"。

在全都是女教师的环境里,幼儿面对男教师的到来显得特别亲近和喜欢。在活动时孩子们喜欢围在男教师身边,甚至有的抱着腿、拉着胳膊。在称呼上,特别是刚接触时,往往称男教师为哥哥或叔叔,尤其是小班的孩子。一听到上男教师的活动,孩子们都显得兴高采烈。孩子们对男教师的欢迎和喜爱都是发自内心的。好像男教师的亲和力是天生具有的。教师对孩子要有爱心、耐心和责任心,面向全体幼儿、兼顾好每一名孩子。慈祥是男教师必须有的一项能力,而坚定更是男教师必须要修炼的一项技能,只有二者合一,才能体现自身的专业能力和保证亲和力的持久性。

温柔:男性之"需"

一提到"温柔"二字,让人更多想到的是女性角色。然而幼儿园男教师面对幼儿园职业的特点,面临年龄较小的孩子们时也应具备职业必须的素养"温柔"。男性独特的阳刚果敢的优秀品质似乎与温柔不搭边,这似乎与温柔成为一对矛盾。但实际上温柔并不是特定性别的特点,而是一种人格特质,没有性别之分。

温柔表现为友好、亲切、包容和关爱,是一种情感的表达,更多取决于人的性格、价值观以及社会交往的行为。这种社会关爱的情感,更是一种同理心的表现,更多关注他人的需要和感受,并给予充分的帮助与支持。幼儿园男教师面对孩子、家长或同事,更应表现出男性温柔的一面,与他们融为一体;同时也体现一名男教师优秀的专业素养和职业特质。然而在现实中,幼儿园男教师常常会把温柔误解为"女性化"或"娘",与自身男性角色对立起来,这显然是错误的理解。温柔可以理解为是一种积极的情感状态,是一种内在的力量和自信的表现,更是幼儿园男教师融入职业的"润滑剂"。幼儿园男教师在职业生涯中,往往因为缺少温柔的特质而造成一系列的困惑或困境,这不是社会或幼儿园造成的,而是男教师个体本身对温柔的误解。试想一下,一名幼儿园男教师在工作中能够对他人温柔以待,与他人建立起亲密、友好和和谐的人际关系,避免工作上的生硬和死板,这样的男教师肯定会受到孩子、家长和同事的喜爱,也更容易获得他人的尊重。

除了外在的温柔,实际上温柔还表现为是一种普遍的美德和价值观念。记得刚入职幼儿园的时候,我带孩子们一起练习早操队列队形,我采取中小学练习的方式,比如"以广播体操队形散开",当时孩子们都不明白,就连协助上课的老师也不明白这句口令的意思,但在我看来,这就是最基本的体操队形的口令,在面对其他同事的纠正时我表现出不耐烦的情绪,造成往后一段时间的困惑。"为什么同事们都不专业?""为什么幼儿园的孩子们那么难教?"现在想想是自己太固执己见了,也是自身对幼儿园年龄特点的不了解,更缺少了和同事沟通的"温柔"特质。温柔不仅仅是外在的特点,更是内心的一种谦和的态度,一种面对别人对你的意见或建议时表现出的一种正向心态。从那以后,我逐步调整心态,积极接受他人的意见或建议,积极调整自身的教育行为,表现出温柔而向上的谦和心态,也逐步得到了大家的认可,自身的专业也得到了快速的进步。

温柔使人更加关注他人并充满爱心,是幼教职场最受欢迎的特质。幼儿园男教师在幼儿园面对更多的是异性的同事,更应该把这种积极的情感表达出来,主动关注别人的困难,积极帮助他人解决,无论是否是自己职业范围之内的事情,帮助他人实际成就了你自己,因为这是一种"关爱"的传递、一种人与人之间相处最宝贵的品质。比如面对园长的管理和指导,更应该表现出应有的大度和接纳的态度,无论园长的态度是温柔还是生硬,都应该体现出男性宽阔的心胸,哪怕事后再与园长谈谈心中的一些不一样的想法,但切忌面对面的顶撞或发脾气。这种温柔的特质是每一名职场人员必备的素质,也是幼儿园男教师应该注意的问题。再比如面对幼儿园的孩子们,更应该表现出男性独有的温柔,要学会蹲下身去和孩子交流,用肢体语言表现出对孩子应有的赞赏,这样才能更容易得到孩子们的喜爱。面对家长对男教师不细心、不体贴的担心,更应该表现出细心和耐心,在交流中表现出一名专业的幼儿园教师应该有的专业和素养,让家长看到你的用心、努力和责任心,这样才能逐步得到家长的认可。这些都是温柔的魅力,也是每一名幼儿园男教师必备的专业素养。

温柔不是特定性别特征的"代名词",而是一种价值取向和人格魅力,更是一种教师专业性的体现。每一名幼儿园男教师应时刻牢记职业使命,在职业生涯的道路上绽放出不一样的"温柔"姿态,让温柔为你的专业成长保驾护航。

爱心:温柔之"本"

温柔是一种爱的情感,幼儿园孩子的天真无邪,足可以融化一个人的心。面对不同个性的孩子,幼儿园男教师完全可以用"母亲般"的细心和耐心去爱孩子,善于倾听和理解孩子的需求,给与充足的关注和爱护。一个幼儿园的男教师之所以温柔,因为心中充满着爱。这种温柔不是软弱或缺乏自信,而是一种内在的力量,一种面对孩子的积极的情感表现。

教育是爱的教育,是充满温度的教育。正所谓教育家精神,就是把育人放在一个更高的高度,充分关注孩子的个体差异和成长需求,给予爱的支持。对孩子的关心、关注和爱护,是幼儿园教育最基本、最重要的要求,正是有了爱,良好的师幼关系才得以真正建立。比如,幼儿园男教师敏锐地察觉到孩子的情感变化,关注他们的情感需求,用温和的语气、亲切的笑容和恰当的抚摸,给孩子以安慰或鼓励,让孩子心里更加有安全感、更加有自信。面对不同个性的孩子,有足够的耐心去倾听他们的想法和需求,并给予积极的回应和帮助,同时通过营造一个积极向上、快乐和谐的交流氛围,积极参与到孩子们的活动中来,与他们积极互动,一起玩耍"撒欢"、交流探索,彼此交流心声,共同成长进步。另外,男教师还应积极树立良好的榜样,身体力行、以身作则,用自己的大爱、诚信、友善等良好品质影响他们,帮助他们处理同伴间的矛盾或误会。

爱心还应该表现在关注孩子们的兴趣、特长和发展潜力,充分发挥他们的优势,增加他们的自信。每个孩子都有自身的优势项目和劣势项目,我们应该充分发挥他们的优势,让他们在别人的羡慕的眼光中表现自我,通过优势项目带动劣势项目的进步,幼儿在自尊和自信中得到发展。比如有的孩子身体瘦弱,但他的平衡能力和灵敏性较好;有的孩子身体较胖,但他的投掷能力和力量素质较好……我们应该让他们在大家面前充分展示自身优势,并逐步在优势项目中加入其他元素,让每个孩子都能得到充分的发挥。孩子们逐步懂得每个人都有自己的长处、每个人都有自身独特的一面、每个人都是一道最美的风景。同时我们还应做孩子们肚子里的"蛔虫",真正了解他们的内心需要,做孩子们的知心哥哥。记得在一次体育交流会上,针对体育活动中体育器械使用不足的问题展开激烈的讨论,有的老师认为体育器械在体育活动中有着举足轻重的地位,要善于并充分运用体育器械,有的老师认为体育器械只是辅助手段,用与不用只是看有没有达到教育目标……面对争论,一名资深的教研员提出"老师本身就是孩子的体育器械"。面对这样的观点我是非常认可的,因为老师本身就是教育场域中重要的一部分,完全可以作为"体育器械"去用。后来我提出了幼儿园男教师本身就是孩子的一个"大玩具"的观点,并在多次活动展示中体现该观点,这一观点也逐步得到大家的认可。在体育活动中我与孩子一起"撒欢儿",比如我设计的"大灰狼"角色,不是孩子们害怕的角色,而是他们主动"出击"和对抗的角色;我设计的"大软球"不是只能拍的,孩子也是可以一脚踢飞上天的……在每一个设计之前,我都会和孩子们先玩一番,懂得孩子们真正喜欢什么,再合理、安全地设计出孩子们喜欢的游戏,和孩子们一起参与进来。教育教学的每一个细节,都体现着孩子提前参与、孩子真心喜欢、师幼一起玩耍的特点,把一颗"一切

第八章 "彰显"温柔一面

为孩子"的心放在工作的首位。

　　爱心是幼儿园男教师温柔之本,也是做好工作的基础。通过表达爱心,男教师才能更好地与孩子建立联系,关注他们的成长和发展,为他们的未来奠定坚实的基础。幼儿园男教师展现温柔的方式是多种多样的,但爱是永恒的主体,也是温柔最有利的支撑。

第四篇

思维上的蜕变：规划力

　　幼儿园教师是一项极具挑战性的职业，需要教师满怀热情，并且要有思想内涵，以快乐的态度教育每一个孩子。作为一名男教师，职业素质要求全面，需要注重细节，细致入微地传达爱和温馨。

　　职业发展规划在职业生涯中是重要而必要的任务。教师需要结合自身潜力和实际情况，运用信仰和才能，不断开拓前进。我热爱幼儿教育，希望通过参加各种专业培训和学术交流，不断提升自己的能力和知识，积累人生和教育经验，开阔视野和提高素质，让我的职业之路越来越美好。

　　让我们用爱和耐心，在童年成长之路上，坚定步履，在风雨中前行，在灿烂阳光下撒播幸福与快乐的种子，用我们最美好的情感，演绎出一曲流光溢彩的幼儿教育华章。

第九章

"借助"改革之力

政策：善借之"力"

幼儿园高质量的发展离不开高质量的教师队伍。幼儿园教师队伍是确保幼儿园高质量发展的坚实保障，构建高素质专业化幼儿园教师队伍是新时代学前教育改革的主要方向。2018年1月20日，中共中央、国务院印发《关于全面深化新时代教师队伍建设改革的意见》(以下简称《意见》)，这是新中国成立以来党中央出台的第一个关于加强教师队伍建设的专门文件，对新时代教师队伍建设作出顶层设计。《意见》提出，要造就党和人民满意的高素质专业化创新型教师队伍，落实立德树人根本任务，培养德智体美全面发展的社会主义建设者和接班人，全面提升国民素质和人力资源质量，加快教育现代化，建设教育强国，办好人民满意的教育，为决胜全面建成小康社会、夺取新时代中国特色社会主义伟大胜利、实现中华民族伟大复兴的中国梦奠定坚实基础。《意见》围绕全面加强师德师风建设，提升教师专业素质能力，提高教师地位待遇，确保政策举措落地见效等方面提出了具体举措。2018年11月7日，中共中央、国务院颁布的《关于学前教育深化改革规范发展的若干意见》提出，大力加强幼儿园教师队伍建设。如：创新培养模式，优化培养课程体系，突出保教融合，健全学前教育法规及规章制度，加强儿童发展、幼儿园保育教育实践类课程建设，提高培养专业化水平。

2012年教育部颁布了《幼儿园教师专业标准(试行)》，共包括三部分：

基本理念、基本内容、实施建议,在"师德为先、幼儿为本、能力为重、终身学习"的基本理念下,对幼儿园教师的专业素质提出具体要求,包括三个维度、十四个领域,分别从专业理念与师德、专业知识、专业能力维度作了详细阐述。2012年颁布的《幼儿园教师专业标准(试行)》对幼儿教师的教学水平提出了要求,不仅要扩大教师队伍的数量,更要求提升质量。

2020年教育部出台《幼儿园新入职教师规范化培训实施指南》(以下简称《实施指南》),针对幼儿园新入职教师的专业化发展困境和培训难题,科学设计了新入职教师的培训学习目标、内容、方式及评价标准。《实施指南》的出台,体现了国家对新入职教师的质量要求,也为幼儿园新入职教师的专业化发展困境提供了解决方案,开启了幼儿园教师培训的新起点。纵览《实施指南》,从五个方面建构了新时代幼儿园新入职教师培训的行动纲领,为新时代中国幼儿园新入职教师专业化发展提供了制度引领,也为本研究提供了重要的政策支持和理论依据。

百年大计,教育为本;教育大计,教师为本。有关教师队伍建设文件的陆续发布,体现了国家对教师队伍建设的高度重视。教育部有关数据统计显示,近十五年来我国幼儿园男教师占幼儿园教师总数的1.5%~2.5%。幼儿园男教师作为幼儿园教师群体中的一员,是幼儿园教师队伍建设的重要组成部分。幼儿园男教师专业发展直接影响着幼儿园教师队伍建设的质量。由于幼儿园男教师群体的性别差异,其专业发展有其自身的独特性和特殊性。对幼儿园男教师专业发展的研究,有助于满足当下对幼儿园男教师专业发展的现实需要。

只有充分认识教师专业发展的不同阶段,才能懂得在不同阶段的合理规划,才能在新手期主动适应,才能在"高原期"努力突破,不进入迷茫徘徊、混乱无序的旋涡。教师对职业生涯的规划是实现职业理想的重要一环,是激发教师内驱力、提高自我效能感的重要保障。2022年2月,教育部印发的《幼儿园保育教育质量评估指南》聚焦幼儿园保育教育过程及影响保育教育质量的关键要素,围绕办园方向、保育与安全、教育过程、环境创设、教师队伍五个方面提出了15项关键指标和48个考查要点。该指南在教师队伍指标中提出了师德师风、人员配备、专业发展和激励机制4项关键指标,其中专业发展包括三项内容:第一,园长能与教职工共同研究制定符合教职工自身特点的专业发展规划,提供发展空间,支持他们有计划地达成专业发展目标。第二,制定合理的教研制度并有效落实,教研工作聚焦解决保育教育实践中的困惑和问题,注重激发教师积极主动反思,提高教师实践能力,增强教师专业自信。第三,园长能深入班级了解一日活动和师幼互动过程,共同研究保育教育实践问题,形成协同学习、相互支持的良好氛围。可见,"制定符合自身特点的专业发展规划"成为幼儿园教师专业发展的必备一环。

《幼儿园保育教育质量评估指南》为幼儿园教师的专业发展指明了方向,从每一项具体的评估指标,更能体现出幼儿园教师专业发展的方向和专业技能,为谋划自身专业发展规划指明了方向。比如,该指南聚焦班级观察,将从根本上改变对幼儿园的评估方式,从注重结构性评价向过程性评价转型,更注重幼儿半日生活的观察评价;从注重纸质资料回归现实,回归幼儿园一日生活存在的真实问题;注重过程中师幼互动的质量,切实站在幼儿的角度,更有温度,且直指对具体细节、具体问题的评价;注重教师的自我评价。完善评估内容,突出评估重点,改进评估方式。幼儿园可以设有常态自评机制,结合他评、部门评、行政评价等多主体评价方式,关注各部门在提升保教质量过程中的改进。幼儿园自评除月评外,还有学期评价、年度评价,并结合每年办园行为督导评估,开展自评和外部评价。

《幼儿园教师专业标准》特别在"基本理念"和"专业能力"中提出了对教师反思与自主发展的要求,明确指出幼儿园教师在教育工作中应"主动收集分析相关信息,并不断进行反思,改进保教工作";同时,应制定个人专业发展规划,通过不断的学习、实践、反思,不断提高自身专业素质。作为一名幼儿园教师必须有规划力、学习力、实践力和反思力。作为幼儿园男教师还应该具有认同力、坚毅力、内驱力、亲和力、沟通力。幼儿园男教师常常会面对社会认同、自身认同和专业认同困境,所以对本人要有正确的身份认同和职业认同,这种认同力往往会制约着男教师的生存状态,是男教师专业发展的原始力量。幼儿园男教师面临因性别认同带来的各种困惑和压力,而这种强大的心理压力要求男教师必须具有坚韧的心理承受力和毅力,而这种坚毅力成为男教师应有的一种状态。"在职业生涯中经历的任何挫折和压力,都是今后发展最高贵的财富",坚毅力是每一名幼儿园男教师应该具备的基本素养。幼儿园的每一名教师都需要专业发展的内驱力,幼儿园男教师尤其需要。

亲和力是幼儿园男教师融入女教师群体的法宝。男教师进入幼儿园工作,面对性别的差异,往往会腼腆或不好意思,不喜欢群体生活。实际上,男教师的亲和力不但是外显出来的亲和力,更应该是乐于助人、善于奉献的亲和力,也只有这种亲和力才是有魅力的、自内而外的、长久的。一般来说,幼儿园男教师的语言表达和沟通能力相对女性教师来说偏弱,善于把事情放在心里,特别是面对困难或困境的时候。实际上,沟通能力是每一名教师必备的素质,无论是和教育对象、同事间以及与家长的沟通,都需要良好的沟通能力。"只有表达出来才能让别人知道自己在想什么",才能让大家明白、认识而产生共情。

"用力是根本,借力是途径,发力是突破",幼儿园男教师要学会借助政策之力,不断提升自身的认同力、坚毅力、内驱力、亲和力、沟通力,实现自身的蜕变和成长。

取向:阶段之"特"

幼儿园男教师在各阶段呈现出不同的教学实践特点,在初任期幼儿园男教师大多开展集体活动,往往注重知识技能的传授而忽略幼儿年龄特点,对于班级管理或活动的管理缺乏纪律要求,整体属于适应阶段,活动中的灵活性较差。在探索阶段幼儿园男教师采取了更多教学形式,基本能完成初步的教学任务,但面临突发性的教育问题缺乏教育机制。在成熟期幼儿园男教师基本掌握了教育教学的方式和方法,开始有自己的思考和初步的创新行为,组织幼儿常规能力明显增强,能灵活处理活动中的常见问题。在学者期幼儿园男教师不断形成自己的教学风格和教育思想,从理论和实践层面不断探索,能基于教学活动中的问题形成科学性、可操作性的对策,在自己熟悉的领域具有一定的权威或话语权。

改革开放以来,幼儿园教师专业发展方式经历了"自然成熟"取向的专业发展、"外铄型"专业发展、"自主型"专业发展、"内生型"专业发展四个阶段。幼儿园男教师在职业初期融入困难,面临职业适应困境。但幼儿园对男教师培养经验尚未形成完整的机制,甚至严重缺失。男教师的专业发展往往是在自发、不自觉的状态下不断探索和适应,呈现类似"自然成熟"被动适应的状态。幼儿园也会自上而下开展提升教师专业发展的培训,但整体上教师还是处于被动发展的状态。幼儿园男教师应该从自然成熟的消极适应、被动发展的被动接受中走出来,主动追求自身发展的自主性,使自己成长为研究型教师,成为自身实践的研究者。在实践中不断提升自身教学监控、教学探究能力、实践反思能力。基于实践真问题,理论实践相结合,开展行动研究,对教育教学有更深刻和本质的认识,成为学习自主性、有批判思维的专业教师,增强专业认同感和自我效能感,以积极主动的姿态应对和规划自身的专业发展。从幼儿园教师培训行动与教师专业化发展的视角看,教师培训经历了从粗放走向精致,从观念走向实践,从统一的培训模式走向基于幼儿园实际和教师个体的"定制性"学习模式。这种精致的、实践的和定制式的培训模式,也体现了对教师主体性的关注。

  对国内外的相关研究综述分析,发现对幼儿园教师的培养,许多国家都积累了丰富而宝贵的经验,着眼于教师成长的时间节点,探索教师的发展方向与路径。国内外的教师培训模式,都重视从时间维度来探索教师的发展路径与方向。对于入职前期和初期,这些模式更多关注教师角色转换和适应过程中可能出现的焦虑,入职后期关注较多的是教学与研究的技能。张葵、陈志斌在编写的《幼儿园男教师教学实践路径研究》中,对武汉市幼儿园俱乐部31名男教师进行了调查研究。研究发现,不管初任期、探索期、成熟期还是学者期,幼儿园男教师更多的是担任专职体育教师的岗位。同时,处于初任期和探索期的男教师对自己的岗位不满意度分别高达66.67%和68.75%。而成熟期和学者期不满意度分别为37.5%和25%,相对有所降低。从数据可以看出,该调查对象群体的岗位满意度普遍偏低,初任期和探索期尤其明显。虽然成熟期和学者期满意度有所提高,但整体还是偏低。初任期和探索期成为幼儿园男教师遭受职业适应和身份认同的"重灾区",工作10年以上的男教师(成熟期、学者期阶段)满意度逐步提高。

  根据对幼儿园教师专业发展阶段的研究,新手(求生)阶段、巩固阶段、更新阶段和成熟阶段的教师在专业发展上会有不同的关注点以及亟须解决的问题。职业生涯规划有助于提高教师的专业自觉,增加专业发展的可持续性。有明确的职业生涯规划就可以帮助幼儿园教师进一步确定自己的专业发展计划,使其能更好地明确不同职业时期的专业发展目标,帮助他们不断地反思自身的专业发展状况,进而实现专业发展自觉。

在具体的策略和方法上,幼儿园可以通过"导""引""带""赛"等措施促进教师的专业发展。"导"即发挥园长和骨干教师的引领作用,促进教师在专业理念、专业知识、专业能力等方面的提升;"引"即发挥园本教研的培养功能,引领教师团队专业共同发展;"带"即通过师徒结对的方式,让熟手教师带领新手教师获得专业能力上的成长;"赛"即发挥竞赛的激励作用,让教师自觉地不断完善自身的专业知识储备和提升自身的教学实践能力。

只有高度重视入职前期和初期教师角色转换和职业适应,做好男教师入职后期教学与研究技能提升,把幼儿园男教师专业发展的独特特质梳理出来,才能促进幼儿园男教师的快速专业发展。通过研究幼儿园男教师专业的独特特征,探索幼儿园男教师与女教师专业发展的不同之处,提出男教师专业发展的独特路径。该研究有助于满足幼儿园男教师专业发展的需要,助力其专业发展的加速推进。对幼儿园管理者在幼儿园男教师专业培养方面有一定的参考价值。同时倡导社会加大对幼儿园男教师这一群体的关注和包容,不断提升男教师群体的社会地位,尊重其社会价值,改变以往的性别固化的刻板印象,把幼儿园男教师群体的存在当成正常的、必然的现象。

第十章

"凸显"规划之力

自知:规划之"明"

根据幼儿园男教师对职业认知统计分析(表10-1),发现大部分人对自己的性格比较清楚或非常清楚,对自己的技能与能力有着清晰的认识,且认为自己符合程度较高,对于自己在工作中的优势与劣势有一定的认知,且认为自己的优势和劣势程度较为接近,对自己适合哪种类型的工作有一定的了解和认知。大部分填写者认为幼师教师职业需要具备的专业知识和技能比较清楚或非常清楚。大多数人对于自己在工作中遇到的问题或困难有一定的了解和认知。大部分人对于关注教师职业动态持有积极的态度,其中有相当一部分人对其非常重视。大部分人对学校的职称评定、晋升方面的政策比较清楚。整体来说,幼儿园男教师对幼儿园教师职业有比较明确的认知,对自身也有较为清晰的认知,但对幼儿园特色、定位、发展目标了解程度较低,建议幼儿园加强特色、定位、发展目标的培训和宣传,提高幼儿园男教师对幼儿园的认知程度。对职业认知和自身有合理的认知,有利于幼儿园男教师更好地制定和实施职业发展规划。

表10-1 幼儿园男教师对职业认知统计描述

	非常不符合	较不符合	基本符合	比较符合	非常符合	统计分析
1.非常清楚自己的性格	4 (5.63%)	1 (1.41%)	17 (23.94%)	24 (33.8%)	25 (35.21%)	非常符合和比较符合的人数分别为25和24人,占比达到了35.21%和33.8%,说明大部分人对自己的性格比较清楚或非常清楚。基本符合的人数为17人,占比为23.94%,较不符合和非常不符合的人数较少,分别为1人和4人,占比不到8%。因此,可以得出结论,大部分人对自己的性格比较清楚或非常清楚
2.非常清楚自己的技能与能力	1 (1.41%)	1 (1.41%)	19 (26.76%)	25 (35.21%)	25 (35.21%)	认为自己非常符合或比较符合技能与能力的人占比达到了70.42%。而认为自己基本符合的人占比为26.76%,非常不符合和较不符合的人占比较低,分别为1.41%。因此,大多数人对自己的技能与能力有着清晰的认识,且认为自己符合程度较高

续表 10-1

	非常不符合	较不符合	基本符合	比较符合	非常符合	统计分析
3.非常清楚我在工作中的优势与劣势	0	3 (4.23%)	18 (25.35%)	23 (32.39%)	27 (38.03%)	非常符合选项的选择人数最多，占比达38.03%；比较符合选项的选择人数次之，占比为32.39%；基本符合选项的选择人数最少，占比为25.35%。可以看出，大部分人对于自己在工作中的优势与劣势有一定的认知，且认为自己的优势和劣势程度较为接近
4.非常清楚自己适合哪种类型的工作	0	2 (2.82%)	17 (23.94%)	30 (42.25%)	22 (30.99%)	相对较少的人认为自己非常不符合或较不符合适合哪种类型的工作，占比仅为2.82%。大多数人认为自己基本符合(23.94%)或比较符合(42.25%)，还有相当一部分人认为自己非常符合(30.99%)。因此，大多数人对自己适合哪种类型的工作有一定的了解和认知

续表 10-1

	非常不符合	较不符合	基本符合	比较符合	非常符合	统计分析
5.非常清楚幼师教师职业需要具备哪些专业知识和技能（多选题）	0	1 (1.41%)	20 (28.17%)	30 (42.25%)	27 (38.03%)	选项"比较符合"和"非常符合"出现的次数较多，分别为30次和27次，占比达到了42.25%和38.03%。说明大部分填写者比较清楚或非常清楚幼师教师职业需要具备的专业知识和技能。选项"基本符合"出现的次数为20次，占比为28.17%。说明还有一部分填写者对幼师教师职业需要具备的专业知识和技能只是基本了解。选项"较不符合"和"非常不符合"出现的次数较少，分别为1次和0次，占比均小于2%。说明很少有填写者不清楚幼师教师职业需要具备的专业知识和技能。综上，大部分填写者幼师教师职业需要具备的专业知识和技能比较清楚或非常清楚

续表 10-1

	非常不符合	较不符合	基本符合	比较符合	非常符合	统计分析
6.非常清楚工作中遇到的问题或困难	0	1 (1.41%)	26 (36.62%)	27 (38.03%)	17 (23.94%)	基本符合、比较符合和非常符合的比例较高,分别为36.62%、38.03%和23.94%。而非常不符合和较不符合的比例较低,分别为0和1.41%。因此,可以得出结论:大多数人对于自己在工作中遇到的问题或困难有一定的了解和认知
7.非常关注教师职业动态	0	20 (7.04%)	28 (39.44%)	22 (30.99%)	16 (22.54%)	对于教师职业动态,有39.44%的人选择了"基本符合",30.99%的人选择了"比较符合",22.54%的人选择了"非常符合",仅有7.04%的人选择了"较不符合"。可以看出,大部分人对于关注教师职业动态持有积极的态度,其中有相当一部分人对其非常重视

续表10-1

	非常不符合	较不符合	基本符合	比较符合	非常符合	统计分析
8.非常清楚所在学校的特色、定位、发展目标	0	2 (2.82%)	27 (38.03%)	26 (36.62)	16 (22.54%)	有近四成的受访者认为自己比较了解或非常了解所在学校的特色、定位、发展目标,但也有约四成的受访者认为了解程度较低,其中较不符合占比较小。建议学校加强对学校特色、定位、发展目标的宣传和推广,提高学生对学校的认知度
9.非常清楚所在学校的职称评定、晋升方面的政策	3 (4.23%)	3 (4.23%)	23 (32.39%)	25 (35.21%)	17 (23.94%)	有23人基本清楚学校的职称评定、晋升方面的政策,25人比较清楚,17人非常清楚,共计65人了解程度较高;而有3人较不符合,3人非常不符合,共计6人对政策了解程度较低。综合来看,大部分人对学校的职称评定、晋升方面的政策比较清楚

第十章 "凸显"规划之力

认知:规划之"源"

一、幼儿园男教师对专业发展规划的认知

(一)对自我的专业发展重视程度

男教师对自我的专业发展重视程度如表10-2所示。根据数据表格显示,共有71人参与了本题的填写。其中,95.77%的人表示重视自我的专业发展,仅有1.41%的人表示不重视,2.82%的人表示没想过。可以看出,大部分人都非常注重自己的专业发展,只有极少数人对此不太关注。

表10-2 对自我的专业发展重视程度调查表

	频率	百分比
A.重视	68	95.77%
B.不重视	1	1.41%
C.没想过	2	2.82%

(二)对教师专业发展规划的了解情况

男教师对教师专业发展规划的了解情况如表10-3所示。根据数据表格,共有71人有效填写了该题。其中,没有听说过教师专业发展规划的人数为5人,占比7.04%;听说过但不了解的人数为18人,占比25.35%;听过有大概了解的人数为36人,占比50.7%;非常了解的人数为12人,占比16.9%。可以看出,大多数人对教师专业发展规划有一定的了解,但了解程度不深,仅有少数人非常了解。建议加强对教师专业发展规划的宣传和培训,提高教师的专业素养和发展水平。

表10-3 对自我的专业发展规划了解情况调查表

	频率	百分比
A.没有	5	7.04%
B.听说过,但不了解	18	25.35%
C.听过,有大概了解	36	50.7%
D.非常了解	12	16.9%

(三)对教师专业发展规划的重要程度认知

男教师对专业发展规划重视程度如表10-4所示。根据数据表格显示,共有71人有效填写了该题。在对教师专业发展规划的重要性进行选择时,有38.03%的人认为很重要,必须制定;而61.97%的人则认为有点重要,可以制定;没有人认为教师专业发展规划不重要,计划没有变化快。可以看出,绝大多数人认为教师专业发展规划的制定是很重要的。

表10-4 对教师专业发展规划的重要程度认知调查表

	频率	百分比
A.不重要,计划没有变化快	0	0
B.有点重要,可以制定	44	61.97%
C.很重要,必须制定	27	38.03%

(四)对教师专业发展规划和教师专业发展之间的关系认知

男教师对教师专业发展规划和教师专业发展之间的关系认知如表10-5所示。在本次调查中,80%的受访者认为教师专业发展规划和教师专业发展之间存在促进关系;只有2%的受访者认为两者没有必然关系;同时,18%的受访者认为两者有关系,但关系不大。

表 10-5 对教师专业发展规划和教师专业发展之间的关系认知调查表

	频率	百分比
A. 促进关系	57	80%
B. 有关系,但关系不大	13	18%
C. 没有必然关系	1	2%

(五)对制定教师专业发展自我规划的执行情况

男教师对制定教师专业发展自我规划的执行情况如表 10-6 所示。在本次调查中,50.7%的教师制定过并执行反思了教师专业发展自我规划,47.89%的教师曾想过但没有写下来或执行,只有 1.41%的教师表示自己没有想过。这说明大部分教师意识到了教师专业发展自我规划的重要性,并采取了行动,但仍有一部分教师存在执行困难的问题。建议学校或单位可以在制定规划时提供更具体的指导和支持,帮助教师更好地实施规划。

表 10-6 对制定教师专业发展自我规划的执行情况调查表

	频率	百分比
A. 制定过,并执行反思	36	50.7%
B. 自己想过,没写下来也没执行	34	47.89%
C. 自己没有想过	1	1.41%

(六)对制定教师专业发展目的的认知

男教师对制定教师专业发展目的的认知如表 10-7 所示。在本次调查中,选项 B"促进专业发展"得到了最多的选择,占比达到了 45.07%。选项 A"晋升职称的需要",占比为 25.35%。选项 D"提升自我素养"得到了 14 人选择,占比为 19.72%。选项 C"满足社会或学校的要求"得到了 7 人选择,占比为 9.86%。可以看出,参与调查的人认为进行教师专业发展规划的主要目的是促进专业发展。

表 10-7 对制定教师专业发展目的的认知情况调查表

	频率	百分比
A. 晋升职称的需要	18	25.35%
B. 促进专业发展	32	45.07%
C. 满足社会或学校的要求	7	9.86%
D. 提升自我素养	14	19.72%

(七) 对教师专业发展规划主要内容的认知

男教师对教师专业发展规划的主要内容的认知如表 10-8 所示。在本次调查中,选项 A 的选择次数最多,为 67 次,占比 94.37%;选项 B 的选择次数为 63 次,占比 88.73%;选项 C 的选择次数为 59 次,占比 83.1%;选项 D 的选择次数为 54 次,占比 76.06%;选项 E 的选择次数为 48 次,占比 67.61%。综合来看,教学技能是教师专业发展规划最重要的内容,而经济收入在教师专业发展规划中的重要性相对较低。

表 10-8 对教师专业发展规划主要内容的认知情况调查表

	频率	百分比
A. 教学技能	67	94.37%
B. 学习规划	63	88.73%
C. 科研目标	59	83.1%
D. 个人修养	54	76.06%
E. 经济收入	48	67.61%

(八) 对自我专业发展规划的能力认知

男教师对自我专业发展规划的能力认知如表 10-9 所示。在本次调查中,选择 A 的 21 人占比 29.58%,选择 B 的 43 人占比 60.56%,选择 C 的 5 人占比 7.04%,选择 D 的 2 人占比 2.82%。综合来看,大部分人(60.56%)虽然掌握了一定的专业发展规划知识,但需要指导才能进行科学规划。有 29.58% 的人熟练掌握专业发展规划的知识,可以根据自身情况进行规划。

另外,还有一小部分人(7.04%和2.82%)不清楚相关的专业发展规划知识或从未做过专业发展规划,需要进一步学习和掌握相关知识。

表 10-9 对自我专业发展规划的能力认知情况调查表

	频率	百分比
A.熟练掌握专业发展规划的知识,完全能够根据自身情况进行	21	29.58%
B.掌握一定的专业发展规划知识,但需要指导才能进行科学规划	43	60.56%
C.不清楚相关的专业发展规划知识,因此无从下手	5	7.04%
D.从未做过专业发展规划,不清楚自己是否具有此能力	2	2.82%

(九)幼儿园对教师制定专业发展规划的要求或帮助情况

幼儿园对教师制定专业发展规划的要求或帮助情况如表 10-10 所示。在本次调查中,有 54.93% 的人表示学校要求或帮助过教师制定教师专业发展自我规划,28.17% 的人表示学校没有这样做,16.9% 的人不清楚学校是否有这样的要求或帮助。因此,大多数教师认为学校要求或帮助过教师制定教师专业发展自我规划,这说明学校在关注和促进教师专业发展方面有一定的措施和政策。但也有一部分教师不清楚学校是否有这样的要求或帮助,说明学校在宣传和落实政策方面还有待加强。

表 10-10 幼儿园对教师制定专业发展规划的要求或帮助情况调查表

	频率	百分比
A. 是	39	54.93%
B. 否	20	28.17%
C. 不清楚	12	16.9%

(十)参与教师专业发展规划的专门培训情况

男教师参与过教师专业发展规划的专门培训情况如表 10-11 所示。在本次调查中,46.48% 的人参与过教师专业发展规划的专门培训,42.25% 的人没有参与过该培训,11.27% 的人不清楚是否参与过该培训。

表 10-11 参与过教师专业发展规划的专门培训情况调查表

	频率	百分比
A. 是	33	46.48%
B. 否	30	42.25%
C. 不清楚	8	11.27%

(十一)对教师专业发展规划培训的重要性认知

男教师对教师专业发展规划培训的重要性认知情况如表 10-12 所示。在本次调查中,选择"有重要作用"的人数为 33 人,占比 46.48%;选择"作用一般"的人数为 35 人,占比 49.3%;选择"没有作用"的人数为 3 人,占比 4.23%。可以看出,参加有关教师专业发展规划的培训对大部分人进行自我规划有一定作用,其中有重要作用和作用一般的人数占比较高,只有极少数人认为没有作用。建议在今后的培训中,进一步加强对自我规划的指导,提高培训的实效性。

表 10-12 对教师专业发展规划培训的重要性认知调查表

	频率	百分比
A. 有重要作用	33	46.48%
B. 作用一般	35	49.3%
C. 没有作用	3	4.23%

(十二)现在的职业状态情况

男教师现在的职业状态情况如表 10-13 所示。在本次调查中,选择 A

"很积极投入,并有专业发展目标,用心经营"的有 26 人,占比 36.62%;选择 B"有一定的专业发展目标,并为之奋斗"的有 34 人,占比 47.89%;选择 C"干好本职工作,不主动,不出错"的有 9 人,占比 12.68%;选择 D"得过且过"的有 2 人,占比 2.82%。可以看出,绝大多数人(约 84.51%)都有专业发展目标,并在为之奋斗,只有少数人(约 15.49%)表现出得过且过的态度。

表 10-13 现在的职业状态情况调查表

	频率	百分比
A. 很积极投入,并有专业发展目标,用心经营	26	36.62%
B. 有一定的专业发展目标,并为之奋斗	34	47.89%
C. 干好本职工作,不主动,不出错	9	12.68%
D. 得过且过	2	2.82%

(十三)实现专业发展的方向

男教师实现专业发展的方向情况如表 10-14 所示。在本次调查中,选项 B"教育科研能力更强"获得最高的比例,为 38.03%;选项 A"提高教学技能"排名第二,占比为 36.62%;选项 C"成为教育专家"占比为 22.54%;选项 D"满足现状,不想再费力发展"的比例最低,仅为 2.82%。可以看出,大部分幼儿教师更希望在教育科研能力方面有所提升,其次是提高教学技能,少数人想成为教育专家,几乎没有人满足于现状。

表 10-14 实现专业发展的方向情况调查表

	频率	百分比
A. 提高教学技能	26	36.62%
B. 教育科研能力更强	27	38.03%
C. 成为教育专家	16	22.54%
D. 满足现状,不想再费力发展	2	2.82%

(十四)对做专业发展自我规划必要性的认知

男教师对做专业发展自我规划必要性的认知情况如表10-15所示。在本次调查中,大部分受访者认为幼儿教师有必要做详细的专业发展自我规划,占比为57.75%;认为有必要做大致的专业发展自我规划的占比为36.62%;只有少部分受访者认为没有必要做任何专业发展自我规划,占比为5.63%。可以看出,大部分受访者认为幼儿教师有必要做专业发展自我规划。

表10-15 对做专业发展自我规划必要性的认知情况调查表

	频率	百分比
A.有必要做详细的专业发展自我规划	41	57.75%
B.有必要做大致的专业发展自我规划	26	36.62%
C.没有必要做任何专业发展自我规划	4	5.63%

(十五)对影响做专业发展自我规划因素的认知

男教师对影响做专业发展自我规划因素的认知情况如表10-16所示。在本次调查中,影响进行专业发展自我规划的因素主要包括对专业发展规划知识的了解程度、对自我能力或现状的不满和对周边环境(包括同事)与条件的分析。其中,对专业发展规划知识的了解程度是影响因素中最为重要的因素,占比达到73.24%。其次是对自我能力或现状的不满,占比为56.34%。对周边环境(包括同事)与条件的分析是影响因素中最不重要的因素,占比为46.48%。因此,在进行专业发展自我规划时,应注重提高专业发展规划知识的了解程度和对自我能力或现状的认知,以更好地进行规划和发展。

表10-16 对影响做专业发展自我规划因素的认知情况调查表

	频率	百分比
A.对专业发展规划知识的了解程度	52	73.24%
B.对自我能力或现状的不满	40	56.34%
C.对周边环境(包括同事)与条件的分析	33	46.48%

第十章 "凸显"规划之力

(十六)家庭状态对投入教学工作的影响

男教师家庭状态对投入教学工作的影响情况如表 10-17 所示。在本次调查中,46.48% 的人认为家庭状态对其投入教学工作有很大影响,40.85% 的人认为影响一般,只有 12.68% 的人认为没有影响。可以看出,大多数人认为家庭状态对其投入教学工作有影响,其中有相当比例的人认为影响很大。

表 10-17 家庭状态对投入教学工作影响情况调查表

	频率	百分比
A. 有很大影响	33	46.48%
B. 影响一般	29	40.85%
C. 没有影响	9	12.68%

(十七)幼儿园影响教师专业发展的因素

幼儿园影响教师专业发展的因素情况如表 10-18 所示。选项 A "工作繁重,无暇顾及"是学生们认为影响自我规划的最主要因素,占比达到 85.92%。选项 D "缺少发展机会和空间"和选项 C "缺乏相关培训"分别占比 69.01% 和 67.61%,也是影响自我规划的重要因素。选项 B "学校支持不够,帮助不够"和选项 E "学校不重视、不支持"分别占比 61.97% 和 43.66%,也是影响自我规划的因素。选项 F "晋升、考评机制"是影响自我规划的最不重要的因素,只有 42.25% 的人选择该选项。

表 10-18 幼儿园影响教师专业发展的因素情况调查表

	频率	百分比
A. 工作繁重,无暇顾及	61	85.92%
B. 学校支持不够,帮助不够	44	61.97%
C. 缺乏相关培训	48	67.61%
D. 缺少发展机会和空间	49	69.01%
E. 学校不重视、不支持	31	43.66%
F. 晋升、考评机制	30	42.25%

二、幼儿园男教师专业发展规划的个性化

案例1:幼儿园男教师职业困境和职业规划访谈(男教师版)

一、个人信息

1. 姓名:武××

2. 年龄:22岁

3. 教育背景:大学本科

4. 工作经验:一年

5. 目前职位:公办园中班保育员兼任体育专科教师

二、职业困境与职业规划

1. 您在幼儿园男教师职业中工作了多长时间?

答:真正的工作是一年不到,以前读书期间有去幼儿园全天实习半年。实习的工作感觉差别还蛮大的,因为实习基本上看着那些老师上课,然后辅助一下看管理一下纪律什么的。会上几节体育课,锻炼一下体育教育教学能力。

2. 您对这份工作的满意度如何?

答:目前来说我还是比较满意这份工作的,我还是比较喜欢小朋友,而且我觉得待遇也还可以。

3. 您是否感觉在幼儿园男教师职业中存在性别歧视?如果有,您能否举例说明?

答:我没有感受到什么性别歧视,可能我本身心态和性格方面的原因吧,我觉得这里的老师都对我挺好的,我感觉我能够很快融入进去。

4. 您是否感觉在幼儿园男教师职业中存在职业晋升的困境?如果有,您认为原因是什么?

答:在我的理解中,相对于女教师的话反而男教师应该晋升得会快一点,幼儿园男教师数量相对女教师比较少,如果男教师再有一技之长的话或许会晋升更快。

5. 您是否感觉在幼儿园男教师职业中存在工作压力大的问题?如果有,您是如何应对的?

答:我不会感觉到太大压力,这几年会相对大一些吧,我第一年进班熟

第十章 "凸显"规划之力

悉幼儿,做一些保育的工作,然后负责一些体育活动。可能前几年先熟悉一下幼儿,到后面如果是做专科体育的话,其实相比于在班上,我觉得反而会相对轻松一些。

6. 您是否感觉在幼儿园男教师职业中存在工作时间长的问题?如果有,您是如何平衡工作与生活的?

答:目前来说我的工作时长还可以,我就上班时候做好工作,按时完成我的工作。我现在开始承担下午的各班体育活动,每周或者是每月除了班上的一些保育工作,要写一些文字登记,登记完了,可能晚上要回去备一下明天的体育课,再练习一下跳绳。即使在这种情况下,我自身因为年轻且目前单身,所以觉得时间是足够的。

7. 您是否有职业规划?如果有,请简要描述。

答:如果从我做一个体育专科老师开始规划,我希望能够在三年之内达到比较理想的教学能力。像我们幼儿园是三个年级,希望我三年能够完全熟悉小、中、大班三个年龄段的幼儿成长,逐渐成为一个熟手教师,再往后走出自己的风格,有自己的一技之长,同时也潜心研究一下其他领域。逐渐成为领域内的专家型老师和其他领域通识的教师。

8. 您是否认为幼儿园男教师的职业发展前景与女教师相同?如果不同,您认为原因是什么?

答:我觉得还是不同的,我前面也说到可能男教师的职业路线会容易一点。因为女教师人数较多,班上的一些事情会有合作,但男教师就我一个,合作交流上比女教师少一些,会有一点孤单。未来我可能会走专业路线,因为我本身是学过体育的,又相对有男性的阳刚之气吧。

9. 您是否有想过离开幼儿园男教师职业?如果有,请简要描述原因。

答:目前没有这个想法,我觉得现在都挺好的。

10. 您认为幼儿园男教师应该如何提高自己的职业竞争力?

答:男教师相对于女教师会给孩子带来更多的阳刚之气,一些动作比较有力量。这一点还是比较有优势吧,所以要把握好男教师的阳刚之气和我的专业技术,例如我是跳绳比较有优势,我就要努力发扬,要它一直成为我的优势。

11.您认为幼儿园男教师应该如何规划自己的职业发展?

答:我觉得还是从最基本的开始做起,有机会到班上去学习的话,还是得到班上去学习。就像我现在的保育老师工作,在班上可以更加了解幼儿,你不了解直接去上体育课的话,很多时候你都不知道小朋友的反应是怎么回事,你也不知道他心里在想什么。所以,我觉得要先进班熟悉小朋友,然后在自己的一技之长的基础上,慢慢走、慢慢摸索,逐渐提升自己,拥有自己一定的教学风格了,往更深的体育方面去发展。

对于幼儿园男教师来说,除了面对职业适应的性别困境,还要面临专业对口的岗位适应或专业不对口的专业适应,还要有自身优势的专业突破,更要有专业全面性的职业要求。只有充分认识到这一点,才能定好目标、逐个突破,才能对应制定个性化、科学的专业发展规划,一路伴随成就和自信,逐步消除性别困境,真正归属幼儿园教师群体,突破超越自我,实现自身价值。

从专业发展的阶段理论来看,本书参考了彭兵基于实证研究成果,提出了幼儿园男教师专业发展的四个阶段,即初任期(1～3年)、探索期(4～9年)、成熟期(10～14年)和学者期(15年以上)。初任期阶段实现新教师理论和实践知识的初步结合,实现角色身份的转变,以适应幼儿园的规章制度和管理规范。探索期阶段是经历初任期后基本能胜任幼儿园的教育教学工作,该阶段教师由于自身优势和个性特点而出现分化,出现偏于教学技能方面和偏于理论及知识的两类教师。该阶段还是处于职业发展初期,处于胜任阶段。成熟期阶段教师处于高原期和蜕变期,面对职业发展理论与实践第二次融合的困境。学者期阶段教师在自己擅长的领域形成"话语权",有自己的教学风格和思想。幼儿园教师不同于学科教学的中小学教师,对专业知识和专业能力的要求更加全面,从《幼儿园教师专业标准》和中小学教师的专业标准对照可见一斑。幼儿园男教师作为幼儿园教师的一个群体,必须按照《幼儿园教师专业标准》的要求,不断拓宽专业的宽度,以满足作为一名幼儿园教师的职业要求,而不应该因幼儿园内岗位的不同,而忽视或忽略自身专业的全面发展。

职业规划是教师成长过程中必做的事情,是教师成长的动力和照明灯。幼儿园男教师的职业规划具有其独特性和特殊性,不只是面对不确定性的勇气,更是对这些的正确认识和认知。职业规划是男教师专业发展的"助推器",职后专业发展的赛道不同,只有得其法、终身学习,才能弯道超车。

教师的职业规划应该从自身发展规划制定开始,同时结合幼儿园的支持和监督,制定适合自我个性和本园生态的科学可行的职业规划。从教师个体的角度去说,应该理性对待职业规划,结合自身所处的职业阶段、自身特点,有理性的自我认知,可以从自身的优势和劣势、自身发展的机遇和挑战综合分析,做好不同阶段适宜的职业规划目标,切莫好高骛远,制定不切实际的目标。

案例2:新入职男教师三年职业规划

姓名:S教师 性别:男 年龄:23 学历:本科 岗位:体育专科、保育员

一、自我分析

优势:①对学前专业知识有较为深度的学习;②体育方面有扎实的基本功,跳绳方面有专业的知识;③关心爱护幼儿,重视幼儿的全面发展,对教师工作充满热情;④扎实肯干,不怕吃苦。

劣势:缺乏具体的教育教学实践经验。

二、三年职业规划

第一年:完成角色转变,从慢慢熟悉体育活动的教师转变为对体育活动有自己概念理解的教师,熟悉并掌握室外不同类型的体育活动,能够针对小、中、大班不同年龄段孩子进行教学;学会观察幼儿,能够根据幼儿不同的状态去调整活动内容;在课堂上深入了解幼儿习性,根据幼儿的身心特点以及现阶段发展去开展相关的体育活动;熟读《3—6岁儿童学习与发展指南》,认真钻研教案,不断向其他教师们学习;摸索室内游戏的玩法,改变民间游戏的不同玩法;熟练保育员工作,做好室内清洁室外检查场地等工作,为幼儿创设温暖、舒心的成长环境。

第二年:成为一名沉稳的体育教师,有自己一定的教学风格,对体育领域加深钻研,积极创新游戏教学,调动幼儿的学习积极性,提高自己的教学水平;幼儿个人跳绳教学逐渐成体系,摸索幼儿长绳跳。

第三年:成为一名优秀的体育专科教师,探索"跨领域融合"教学,能够将其他领域融入体育教学中。

三、具体措施

1. 坚持参加继续教育学习。
2. 认真备课,精心组织体育活动,写好教学反思。
3. 不断对体育活动进行研究和讨论,加强教育教学能力。
4. 学习信息技术,学习制作课件和微课等。
5. 不断优化自己与孩子交流的语言。
6. 每月阅读一本与幼儿生活有关的书籍。
7. 一学期准备一节体育公开课。

分析:S教师是一名入职一年的新手男教师,通过该教师制定的职业规划可以看出S教师具有很强的专业发展自觉和发展动力。针对本职业规划我和该S教师进行了深度的交流,S教师主要发展方向还是围绕体育教学方面,特别是个人比较突出的跳绳项目。S教师提出关于教育教学方面的几点困惑:第一,体育活动主要围绕专业动作的"专业性"还是更加有"趣味性"?第二,在基本动作学习方面,是不是要有连续性?同时提出自身希望在信息技术方面也有所发展,同时能够把体育和其他领域融合在一起。

通过谈话,可以看出S教师对体育活动的认识还是处于初级阶段,同时在个人专业方面发展不够成熟,缺乏一定的成果意识。对此,我对S教师的职业规划提出了几点要求:第一,开展体育活动的专业性和趣味性并存,同时兼顾教育性和全面性。第二,在基本动作上要坚持"循序渐进、持之以恒"的原则。第三,对于体育融入其他领域的问题可以从某一个领域初步去尝试,但不要操之过急,应该充分了解两个领域的独特性。除了对S教师职业规划的完善之外,我还针对S教师跳绳突出的优势特点,根据他个人规划中"幼儿个人跳绳教学逐渐成体系"的发展要求,提出了新的目标:在幼儿园的助力下,经过3~5年的时间初步形成幼儿园跳绳的指导手册。这种聚焦对新教师的个人成长非常有帮助,不但可以聚焦其个人的优势,更能在成长的过程中不断获得成果的喜悦。

实际上,如果把入职后的前三年称为新手期,那么我认为该阶段的男教师应该属于破"冰"困境期,这三年是男教师最易流失的时期。这个"冰化为水"的过程需要吸收大量的温度,需要多方给予"温暖",协助男教师顺利"破冰"。

第十一章

"夯实"规划管理

构建:发展之"态"

幼儿园男教师作为幼儿园中最重要的角色之一,其职业规划管理的重要性不言而喻,做好幼儿园男教师的职业规划管理意义重大。幼儿园应该从制度、政策、资源等多个方面着手,为幼儿男教师的职业规划管理提供有力的支持和帮助,创造一个良好的职业发展环境和氛围,帮助幼儿教师实现个人职业发展目标,同时也提高幼儿男教师的整体素质和教育水平,推动幼儿园的发展。

对男教师个人发展规划的管理,可以从培训、激励、建档、合作等方面进行。

"一是培训":幼儿园要主动创造条件为男教师提供职业发展机会,幼儿园应该为教师提供晋升、参与课程开发、教育研究以及参加研讨培训的机会,以便他们能够不断学习和进步。幼儿园要提供多种形式的学习机会和资源,让男教师了解行业最新发展动态和技能要求以及如何进行职业规划。学习机会可以包括内部培训、外部培训、参观交流等,资源可以包括图书、期刊、网络资源等。

"二是激励":要根据男教师的职业规划和发展阶段,制定不同的评价标准,评价男教师的工作表现以激励他们积极进取。幼儿园应该重视男教师的职业发展评估,及时了解男教师的工作情况和职业发展状况,为他们提供必要的反馈和帮助。同时,职业发展评估也可以成为男教师职业发展的一种激励机制,通过评估结果,激励男教师不断提高自身素质和能力,以实现职业发展的目标。可以为幼儿教师提供职业咨询服务,随时随地帮助他们解决职业发展中的问题,提供职业规划方面的指导和建议。

"三是建档":对男教师的职业发展进行记录和管理,包括教育背景、工作经验、评估结果等,从而对男教师的职业发展进行有效的管理和规划。幼儿园可以建立幼儿教师的职业发展档案,记录幼儿教师的培训经历、职业发展规划、工作成绩等。通过这种方式,幼儿园可以更好地了解幼儿教师的职业发展需求,制订个性化的职业规划方案,并为幼儿教师的职业发展提供有效的支持和帮助。

"四是合作":幼儿园应该建立一个积极向上的团队文化,鼓励教师之间相互学习、相互支持、相互促进,提高整个团队的工作质量和水平。同时,幼儿园应该鼓励男教师创新,鼓励他们开展教育研究和课程开发工作,提升教学水平和教学成果。

同时也要看到职业发展中教师内驱力的作用。一名接受访谈的男教师说:"说实话,职业规划其实我是走一步看一步的。我从毕业出来之后,当老师的目标很明确,但确认不可能一直在一线带班。那时对自己的规划是最起码做一名园长。一点点进步,具体进到哪一步也没有想好,也是看机遇的,反正想一直进步。前进的动力是有的,但没有做具体的职业规划。"这种有动力、没规划,或许构成了男教师职业发展的现状。没有规划不一定就不成功,正如这名男教师在强大内驱力的前提下,不断"摸着石头过河",最后成为幼儿教育行业的管理人员。所以职业规划只是教师发展的加速器,但内心发展的需求和动力才是实现职业发展路径的必要条件。

幼儿园应主动帮助他们制定职业目标和职业规划,为他们提供职业生涯规划和发展建议。幼儿园只有做好教师个人规划的统筹管理,才能真正帮助他们更好地了解自己的职业发展需求和方向,制定更加明确和实际的职业规划。

第十一章 "夯实"规划管理

管理：规划之"实"

在幼儿园男教师的职业生涯中，职业规划是非常重要的一个方面。职业规划不仅是为了实现个人职业目标，更是为了在职业发展中保持稳定性和连续性，提高自己的职业发展质量和效益。幼儿园男教师需要有长远的职业规划，以确保自己在职业生涯中保持方向感和目标感，逐步实现个人职业价值和职业成就。

面对自身专业发展中的坎坷，我更能看到教师在职业发展中的困难和瓶颈。我创立了教师专业发展"一核两翼"的师徒制模型，尝试不断解决教师特别是新手教师的专业发展困境。对于新教师或青年教师在专业发展过程中的困惑，以教师主体为核心，再加上一师和一单即职业规划任务驱动，有了这两对翅膀，我相信她们很快有蜕变的那一天。对于如何促进师徒的成长问题，我成立"师徒者说"圆桌沙龙活动，通过每一次的对话，让更多的师徒看到故事，看到成长，让不同的师徒在成长中不断借力、发力，"知不足而后进，望山远而力行"，见贤思齐，在前进的路上形成你追我赶的局面。

案例1　××幼儿园××学期数学PCK新教师成长任务

一、园本研训

根据幼儿数学核心经验要点进行学科内容知识、教学对象知识和教学法知识园本培训，每两周围绕一个新教师疑惑点开展研讨。

序号	内容	研训时间	参加人员	研训地点
1	集合与模式	2022年6月	师徒全体教师	会议室
2	数概念与运算	2022年6月	师徒全体教师	会议室
3	比较与测量	2022年7月	师徒全体教师	会议室
4	几何与空间	2022年7月	师徒全体教师	会议室

二、教学实践

（一）园内教学观摩单

序号	师傅姓名	工作年限及类型	徒弟姓名	徒弟工作年限及类型	教研形式	资料形式
1	A教师师傅	21年（骨干型教师）	A教师	1年（新手型教师）	同课同构	1.师傅的活动设计与反思；
2	B教师师傅	18年（骨干型教师）	B教师	2年（新手型教师）	同课同构	2.徒弟的活动设计与反思；
3	C教师师傅	25年（专家型教师）	C教师	3年（新手型教师）	同课异构	3.师傅的活动意见

（二）"影子式"指导单

序号	师傅姓名	徒弟姓名	教研形式	时间安排
1	A教师师傅	A教师	徒弟到师傅班上做"影子跟随学习"	每月上半月
			师傅到徒弟班上做"影子跟随指导"	每月下半月
2	B教师师傅	B教师	徒弟到师傅班上做"影子跟随学习"	每月上半月
			师傅到徒弟班上做"影子跟随指导"	每月下半月
3	C教师师傅	C教师	徒弟到师傅班上做"影子跟随学习"	每月上半月
			师傅到徒弟班上做"影子跟随指导"	每月下半月
			师傅到徒弟班上做"影子跟随指导"	每月下半月

三、各阶段教师的目标任务

（一）新手型教师：适应日常教育教学。坚持问题导向，学习—实践—反思，主动寻找师傅解决实践中遇到的问题。

（二）胜任型教师：虽有一定经验，但仍需积累，主动向成熟型教师学习，指导新手教师。

（三）骨干型教师：做好徒弟的日常指导、课例指导，用教、研、训、评一体化的方式指导新手教师和胜任型教师。同时做好自我反思，增加职业生活的幸福感。

四、成长任务单

数学 PCK 新教师成长任务单

新教师姓名：_____

序号	内容		完成情况
1	园本研训	集合与模式	
2		数概念与运算	
3		比较与测量	
4		几何与空间	
5	师徒研讨(每两周一次)		
6	园内教学展示	集合与模式	
7		数概念与运算	
8		比较与测量	
9		几何与空间	
10	"影子式"学习	集合与模式	
11		数概念与运算	
12		比较与测量	
13		几何与空间	

五、徒弟三年职业发展规划(数学 PCK 部分)

序号	徒弟姓名	第一年目标和成果 (2021.9—2022.7)	第二年目标和成果 (2022.9—2023.7)	第三年目标和成果 (2023.9—2024.7)
1	A 教师（现任教大级）	目标:学会大级数学 PCK 的 CK、KOS 和 KOT 相关知识,并通过自我实践和反思、师傅引领和指导,完成大级数学 PCK 目标任务	目标:1.学会小级数学 PCK 的 CK、KOS 和 KOT 相关知识,并通过自我实践和反思、师傅引领和指导,完成小级数学 PCK 目标任务。 2.学习小级"一师一单"学习和实践成果资料,加速自身成长速度,优化小级实践成果	目标:1.学会中级数学 PCK 的 CK、KOS 和 KOT 相关知识,并通过自我实践和反思、师傅引领和指导,完成中级数学 PCK 目标任务。 2.学习中级"一师一单"学习和实践成果资料,同时结合第二年小级优化成果的经验,优化中级实践成果

续表

序号	徒弟姓名	第一年目标和成果（2021.9—2022.7）	第二年目标和成果（2022.9—2023.7）	第三年目标和成果（2023.9—2024.7）
		成果：初步形成大级数学 PCK 实践成果	成果：优化小级数学 PCK 实践成果	成果：结合"序号 2"第二年优化成果，优化并最终形成中级数学 PCK 实践成果
2	B 教师（现任教小级）	目标：学会小级数学 PCK 的 CK、KOS 和 KOT 相关知识，并通过自我实践和反思、师傅引领和指导，完成小级数学 PCK 目标任务	目标：1.学会中级数学 PCK 的 CK、KOS 和 KOT 相关知识，并通过自我实践和反思、师傅引领和指导，完成中级数学 PCK 目标任务。2.学习中级"一师一单"学习和实践成果资料，加速自身成长速度，优化中级实践成果	目标：1.学会大级数学 PCK 的 CK、KOS 和 KOT 相关知识，并通过自我实践和反思、师傅引领和指导，完成大级数学 PCK 目标任务。2.学习大级"一师一单"学习和实践成果资料，加速自身成长速度，优化大级实践成果
		成果：初步形成小级数学 PCK 实践成果	成果：优化中级数学 PCK 实践成果	成果：结合"序号 3"第二年优化成果，优化并最终形成大级数学 PCK 实践成果
3	C 教师（现任教中级）	目标：学会中级数学 PCK 的 CK、KOS 和 KOT 相关知识，并通过自我实践和反思、师傅引领和指导，完成小级数学 PCK 目标任务	目标：学会大级数学 PCK 的 CK、KOS 和 KOT 相关知识，并通过自我实践和反思、师傅引领和指导，完成大级数学 PCK 目标任务	目标：学会小级数学 PCK 的 CK、KOS 和 KOT 相关知识，并通过自我实践和反思、师傅引领和指导，完成小级数学 PCK 目标任务
		成果：初步形成中级数学 PCK 实践成果	成果：优化大级数学 PCK 实践成果	成果：结合"序号 1"第二年优化成果，优化并最终形成小级数学 PCK 实践成果

从幼儿园的角度说,应鼓励教师主动制定职业规划,并从幼儿园的层面帮助教师优化和完善自身规划,使教师的职业规划更加科学,更加切合幼儿园的实际。幼儿园应该把制定教师的职业规划作为促进教师专业发展的重要抓手,做好职业规划动态的管理和指导。做到有规划、有检查、有评价、有激励。同时幼儿园应该根据不同教师的职业规划设定个性化的分阶培训措施和保障,比如针对新手阶段、胜任阶段、骨干阶段、专家阶段提供不同的培训课程和指导重点,形成较为系统的保障体系,为教师的专业有序发展保驾护航。做好教、研、训、评一体化,对教师"教"中遇到的困难积极开展个性化、有针对性的教研和培训活动,同时还要做到对标和对表的评价,比如把教师的职业规划发展的指标与职称评审指标相对应,与骨干教师、名师等评价指标相对应,真正实现各项指标相联系、各项评价相呼应,形成一体化的职业规划合力和助力。同时也要注意职业规划在教师实践中的动态调整和优化,做到"小步子快节奏",即降低目标的难度,让教师"跳一跳够得着",同时加快前进的速度。同时针对实施中的突发事件或环境变化,结合实际进行目标的调整和优化,让目标更加适合当下的个体水平或环境要求。幼儿园可以通过建立教师成长档案袋或提供成长任务清单,让职业规划阶段性目标的实现更有抓手,同时还可以让老师相互学习、相互借鉴,从而提升教师发展的加速度。

第十二章

"彰显"团队协同

师傅:徒弟之"梯"

一天中午,我在值班时发现,大多数小朋友都睡觉了,一个小男孩把手伸到裤子里面,一边手动一边眼睛警惕地看着周围。这种情景把我吓了一跳,心想:这个孩子那么小就想"这事"。我赶快走过去,试图阻止该男孩,可能男孩听到了老师的脚步声,赶快把手拿出来。我整个中午坐在那个男孩子的床边,担心事情再次发生。事后,我把这件事告诉班主任老师。班主任老师好像不是很在意,只是说了句:很正常,我留意一下。这句话让我很诧异,这么大的事还很正常,班主任太不负责了。

针对此事情,我请教了师傅,师傅笑着对我说:你去查一下"性教育"方面的文献资料,有答案你来告诉我。随后我去查询了相关的文献,发现幼儿对性的好奇是正常现象,是幼儿成长的必经阶段,作为教师应该以科学的态度、平和的心态对待幼儿的性问题和性游戏,同时根据幼儿自身的特殊性和不同年龄段力比多的差异性来实施幼儿园的性健康教育,注意抓住教育的契机,做到适时、适度。同时还要注意与家庭性教育相结合,形成教育合力。我向师傅汇报了自己的查询结果,师傅在表扬的同时提出问题:"如果让你开展健康教育你应该如何开展?你梳理一下,下次对我做一次微分享。"我在颇感压力的同时又积极去查找和梳理相关资料。这次微分享得到师傅的高度赞扬,并鼓励我在全园进行了经验分享(后附具体内容)。这次事件不但让我了解了性教育的知识,消除了对班主任老师的误解,更重要的是让我明白了师傅的苦心和初衷。

美国学者库伯在杜威、皮亚杰思想理论的基础上,提出经典的"体验学习圈"理论。库伯认为,学习是一个完整的过程,涉及四个环节,分别是具体体验、反思观察、抽象概括和行动应用。四个环节包含两个向度,纵向为理解层面,横向为转换层面。纵向理解层面对应的是具体体验和抽象概括。库伯体验学习圈理论认为开放、互动的学习对成人会更加有效。这一观点为幼儿园男教师培训带来的启示是:培训设计要以任务驱动贯穿全程,做中学的过程就是对经验的领悟与改造的过程,培训可以综合采用诸如主题研讨、学术论坛、学习汇报等方式有效促进学习。总而言之,学习过程是一个不断感知、反思和检验的过程,它所强调的经验积累有助于增强教师的自信,帮助其在培训过程中不断反思、创新与发展。

幼儿园男教师生活在幼儿园这样一个"生态圈"和大熔炉之中,单打独斗是不可取的,这也凸现了教师专业发展的生态取向。只有"生态圈"内集体的专业发展,才有个人的专业共同发展。幼儿园男教师作为其中一员,要积极构建这个良好的"生态圈",与其他教师、园长等成员一起协同共进,形成和谐共生的学习共同体。如果一个人是一团火,那么一群人则是熊熊大火,一个人的智慧毕竟是狭窄有限的,一群人的智慧是无穷无尽的。每个人应该像海绵一样既要挤干、奉献自己,又学会吸收、享受集体的"蜜"。比如集体备课、头脑风暴、师徒结对。

师傅往往是教师专业发展的"加速器",为教师专业发展提供助力。如果把教师个体的专业发展自觉看作"发动机",那么师傅就是你的"油门",为教师的专业发展提速。每个人生命中总会遇到几个"重要他人",在你遇到发展瓶颈的时候,总会为你点亮心中的"明灯",唤起你的意志。我一毕业就进入幼儿园,担任幼儿的体育教学任务,一干就是十年,在幼儿体育教学方面应该还算得心应手,但每逢教研活动却感到无话可说,或者说不知道说些什么。针对此困惑,我与办公室的教科研组长进行了一次深度谈话,这次谈话让我找到了症结所在,也让我成了她的"徒弟"。"专业的发展离不开梳理,理论和实践并不矛盾,应该相辅相成",这句话我至今记忆犹新,也成为我教科研路上的起点。"你不妨围绕一个问题写一篇论文",师傅布置的任务我马上开始行动,但说起来容易做起来难,根据师傅的指点,我开始学习查阅文献、分析文献、梳理文献,模仿师傅论文的框架、论文的格式、论文的语言开始撰写,终于"形成"了一篇,虽不完美却感到兴奋和自豪。在师傅的指导下我进行了多次修改,并投稿到一个在当地还算不错的刊物,结果第一个月就收到录取通知。教师的专业成长需要梳理,需要反思,需要在实践中不断思考、不断总结,把问题当成研究的对象,深入研究、注意突破。正是在一个个问题的解决中,我突破了专业发展瓶颈,梳理出一个个的"成果"。

附:梳理的分享内容

幼儿园性健康教育的科学定位

一、幼儿对性的好奇是正常现象,是幼儿成长的必经阶段

幼儿对外界新事物都会感到好奇和神秘,幼儿对性的好奇也是一样,也是一种自然的生理本能。无论是性问题还是性游戏,都是幼儿进行探索和求知的一部分。著名的精神分析学家、心理学家弗洛伊德将个体出生后至性成熟的性心理发展划分为以下几个阶段:①口欲期,自出生至1岁左右。该时力比多贯注于口唇、口腔活动,婴儿从吮吸母乳中不但获得必要的营养,而且也获得极大快感。②肛欲期,自1岁至2岁左右。该时力比多下移贯注于肛门、直肠区的活动,此时也是训练幼儿大小便习惯的时期。③性蕾期,亦译为"阳具欲期"(日本译为"阳根期"),2岁至4岁。该时力比多转移贯注于幼儿尚未发育的生殖器(阴茎或阴蒂),他们通过玩弄阴茎或刺激阴蒂(如夹腿摩擦或触碰椅脚)而获得。④伊迪帕斯情结阶段。弗洛伊德认为前述的3个阶段(口欲、肛欲与性蕾期,0岁至4岁左右),力比多主要贯注于自体的各部位获得肉体快感,他称之为"自体性欲满足"或"原始性自恋"。在此之后,力比多则转移贯注于外界对象,开始他"恋",首先目标是家庭内的异性亲长。⑤潜隐期。6~7岁至11~12岁。在解决了伊迪帕斯情结后,儿童进入了性潜隐期。在此阶段,性心理比较平静,没有上述各时期复杂、激烈的矛盾冲突。⑥青春期及以后阶段。青春期一般始于11~13岁时,其生理标志为男子梦遗或手淫、女子来月经初潮。

其中幼儿园这一阶段大致属于性蕾期和伊迪帕斯情结阶段,这个时期幼儿的力比多转移贯注于幼儿尚未发育的生殖器,他们通过刺激生殖器而

第十二章 "彰显"团队协同

获得。就像吃饭、排便等功能一样,性功能也是生理功能的一种,幼儿看待性器官就像对待眼、耳、鼻、舌、手等一样。幼儿这一时期的性游戏,实际上没有成人的性意识与性交意愿,更没有成人产生的性生理反应,不过是幼儿的一种性游戏而已。虽然弗洛伊德性学说具有"泛性欲"的错误,但是其理论也对我们有参考的价值。

二、教师应该以科学的态度、平和的心态对待幼儿的性问题和性游戏

当我们听到幼儿提出性问题或看到幼儿进行性游戏的时候,我们往往感到害怕着急或不知所措,用成人的眼光去思考问题。有关研究表明,随着幼儿的成长,其力比多就会逐渐从滋润功能转向性功能,这个过程中,如果力比多在某种状态停留的时间过长,会产生不协调,甚至引发神经症。所以如果我们一味用成人的偏见对他们进行严厉的责备,用含糊其辞或者恐吓的方式来对待孩子的提问,就会造成幼儿心灵上的创伤,就会对性产生罪恶感、恐惧感和神秘感,在幼小的心灵里留下阴影,把对性的迷惑埋藏在心底。随着幼儿的成长,他们就会通过其他的方式如大一点的同伴、成人、电视等媒体途径获得错误甚至有害的内容。因此,当幼儿提出性问题的时候,我们要积极正面地回答幼儿的性问题,而且教师应该实事求是,自然大方,不能超过幼儿现有的理解能力,不要过深过细,应该通俗易懂,用科学的名词解释男女生殖器官,并告诉孩子如何进行保护,不要随便玩弄,让他们像认识五官、四肢一样认识性器官,形成正确的新观念;当我们看到幼儿进行玩弄生殖器或相互检查身体等性游戏的时候,我们可以转移孩子们的注意力或者装作没有看到,也可以通过观看适合幼儿年龄段性知识的节目、互动讨论交流的方式对幼儿进行性健康教育,满足孩子对性的好奇心,为幼儿形成正确的性观念和性意识打下基础。

三、根据幼儿自身的特殊性和不同年龄段力比多的差异性来实施幼儿园的性健康教育

幼儿的年龄小,以兴趣和好奇为主,模仿能力强,往往对自身直接感觉到的经验为依据,对媒体没有正确的理解和判断能力,游戏是主要学习的方式,因此,幼儿园性健康教育必须要根据幼儿自身的特殊性来实施的。比如性教育的目标和内容要符合幼儿的年龄特征和心理特征,目标定在最基本的性知识,确立正确的性态度,培养正确的性别自我认同和性别角色意识,

形成正确的卫生习惯,懂得自我保护。又如教育内容不一定非要是关于人类的,也可以是动植物的有关成长的知识,幼儿通过了解植物的开花结果、动物的出生发育等知识,懂得生命是珍贵的、美丽的。同时在性教育的方法上要简单通俗、形象化,能够让幼儿很容易接受。如教师可以找一些幼儿园方面的性图书,然后像讲故事一样,每天给孩子讲一节,这样孩子在听故事中自然而然地得到性教育。

著名的心理学家荣格的力比多理论认为不同年龄段幼儿的力比多是有差异性的。他认为弗洛伊德将力比多定义为性需求,是比较狭隘的,力比多应该是心理能量,是一种意动和愿望,力比多是以愿望的形式表现出来,力比多在外是以愿望的形式表现出来的,不同年龄阶段幼儿的性力比多是不一样的,所以对幼儿进行性健康教育要根据不同年龄段幼儿力比多的发展程度来进行。例如如何对幼儿进行性别角色的培养方面,我们所说的"适时"就要遵循幼儿性别角色发展的阶段来进行,抓住幼儿发展的敏感期。大多数2.5岁~3岁的儿童能正确说出自己是男孩还是女孩,但不能够认识到性别是不变的属性;3~5岁儿童还不能理解性别的稳定性;随着对性别理解的成熟度的提高,儿童在2~7岁获得性别稳定性概念,知道性别不会随时间而改变,即一个人的性别在过去、现在和将来都保持一样。所以幼儿园要根据幼儿不同年龄段的特征适时地开展性健康教育活动。

四、抓住教育的契机,适时、适度地开展性教育活动

幼儿园性健康教育应该是一种随机教育、机会教育。在幼儿园对幼儿进行性健康教育不应该刻意地去进行,而是抓性教育事件的随机教育,并在一日生活中进行渗透。幼儿的性教育事件一般有两种,第一是幼儿提出自己感到疑惑的性问题,如幼儿提出诸如"我从哪里来?我为什么没有小鸡鸡?为什么爸爸长胡子?"等一系列问题。第二是幼儿进行自我满足式或角色表演式的性游戏,如幼儿通过两腿摩擦或用椅子、被子等压迫生殖器来达到满足,或者幼儿之间通过扮演医生相互检查身体、扮演夫妻过家家等。这都是很好的教育机会,我们要善于抓住教育契机,有针对性地对幼儿进行科学的性教育。如我们可以根据幼儿的问题和疑问搜集资料,如图片、动画、视频等,大家一起讨论,共同寻找答案,也可以依此契机开展健康活动这方面的主题,来满足幼儿的兴趣和好奇。当看到幼儿进行性游戏时,一般情况

下,如果幼儿性游戏中没有出现强制的性行为和有害内容,成人就不要硬加干涉,让他们顺着自己的兴致玩完;同样也可以采用转移幼儿注意力的方法,如用声音、图片或视频等,使幼儿的兴趣转移到新的事物。

把握好性健康教育的"度"也是幼儿园性健康教育应该注意的问题。幼儿时期的性问题或性探索活动并不是为了满足自身生理的需求,而是一种对新事物的好奇,所以对幼儿的性健康教育一定要注意"度"的问题。所谓的"度"有两层含义:一是回答幼儿问题的深度,二是幼儿问到什么程度。在对幼儿进行性健康教育时,我们反馈给幼儿的内容不要太深,应该简单通俗,让幼儿能够接受。例如,幼儿问"我是从哪里来的?是妈妈生的我,爸爸有什么用?"等有关人的生命诞生的问题,这时我们可以这样回答:"你们的爸爸妈妈结婚以后,非常想要一个宝宝,于是爸爸把自己的种子(精子)放到妈妈的肚子里,与妈妈肚子里的种子(卵子)抱在一起了,形成了一颗大种子(受精卵),然后这颗大种子在妈妈的肚子里慢慢长大,长啊长啊,长到妈妈肚子里放不下了,就把你生下来了。"其次就是幼儿问到什么程度,我们就回答到什么程度,只要满足幼儿的需要就行了。例如,有的幼儿问"为什么我没有小鸡鸡,他为什么有?"这时我们告诉他因为她是女孩子他是男孩子,就可以了,千万不能抓住幼儿的一次问题或看到幼儿的一次性游戏,就开展"大型的主题活动"或者滔滔不绝地给幼儿讲个不停,这种观点我是非常反对的。从表面上看,这样好像是抓住了教育的契机,但是这些是不是幼儿的需要?幼儿需要多少?这些问题往往被人们忽视。所以,我们开展幼儿园的性健康教育的时候,一定要根据幼儿的身心特点和兴趣需要来实施,把握好一个"度"的问题。

五、与家庭性教育相结合,形成教育合力

幼儿在家里的时间远远多于在幼儿园的时间,同时父母是幼儿的最初的性启蒙老师,对幼儿的性教育起着至关重要的作用。教育专家余可说,性教育不是始于学校,它应该是学前教育和家庭教育不可或缺的组成部分。在德国,性教育被视作为一种健康教育和一种社会教育。可见,幼儿园的性健康教育必须要与家庭性教育相协调,共同促进幼儿的健康发展。同时,大班的幼儿处于伊迪帕斯情结阶段,此时他们的性心理开始"恋"家庭内部的异性亲长,作为家庭针对这种情况而采取相应的性教育也是任何组织不可取代的。因此,幼儿园是不应该独立开展性教育活动的,必须要与家庭性教育相结合。如在幼儿性别角色发展的敏感期,父母给孩子穿戴打扮、购买玩具等都要注意区分幼儿的性别特点,同时父母也要做好自身榜样的作用,注意建立和谐的、温馨的家庭氛围,让幼儿在模仿父亲或母亲的同时,得到自我性别角色的确认。

幼儿园应该本着科学的态度,充分认识到幼儿性健康教育的重要性,根据幼儿时期的心理特征和不同年龄段力比多的差异性,适时、适度地开展性健康教育,为幼儿一生的幸福奠定基础。

"贵人":助力之"鼎"

鼎力相助,比喻支持的力量之大。在生活中,有些人对你的支持和帮助可谓力量之大,这些人是你成长过程中的"导师"或"贵人"。我职业生涯中遇到很多的"贵人",她们是我生命中的导师,灵魂的"摆渡者",事业的支持者。

记得刚到新单位的时候,因为业务不熟悉,园长让一位非常有经验的副园长带我,一是为了提高我的业务能力,二是这位老园长更有资历、撑得起。这位老园长成为我成长过程中坚实的"支架"和后盾,有什么责任她总是挡在前面,有什么机会她总是侧身让路,给我锻炼的机会。在她身上我学到了什么叫作担当、什么叫作培养新人、什么叫作"水里万物而不争",这份情感我一辈子都忘不了。记得有一次我去检查户外活动,看到一个班玩大型器械而没有铺垫子,我过去督促提醒,然而并没有得到班上老师的积极回应,而是和我理论起来,我当时年轻气盛,生了一肚子气。老园长看出我的变化,主动关心询问,得知事情缘由,提醒我"处理问题要讲究方式方法","找支撑你的文件或政策",用这些作为你的"后盾",温和而坚定地去慢慢沟通,工作不是靠生气。这番话不仅让我顺利解决了问题,也成为我今后处理事情的一条"铁律"。无论我做什么,她总是在后面默默地帮我"补位"。记得有一次我和园长的想法不同,于是说了一些丧气的话。她知道后,慢慢安抚我:除了原则问题,没有真正的对和错,只是看问题的角度不同,园长坚持自己的态度,你也要学会接受,尊重和支持园长的想法。我心释然,不再像之前那样老钻牛角尖,学着从不同的角度看问题,适时提出自己的观点,支持大家形成的共识。在她退休的那一天,我哭得一塌糊涂,因为我仿佛失去了我心灵的导师,失去了"妈妈般"坚实的后盾。在以后的一段时间,我曾迷茫过,但当我遇到困难的时候,总有一种声音响在我的耳边,最终我挺起腰板,开始独立成长,慢慢成就了现在的自己。

如果说在成长的路上有一个"脚手架",我想她就是,支撑我一步一步走向成熟。这就是我的"师傅"、我的"导师"、我生命中的"贵人"。

男团:协同之"暖"

男教师在幼儿园是"累不坏的",唯一能压垮男教师的是精神能量内耗。一旦男教师打垮精神带来的压力,就会产生强大的内驱力,在良好的团队协同下,在幼儿教育这个平台上绽放异彩。

我们区的教研员就是一名幼儿园男教师,有强大的专业内驱力,从体育专科教师一路拼搏,一路到省特级教师,在幼儿园男教师队伍中闯出一片天地。他有很强的自律性,善于钻研、反思,每完成一节体育活动或一个体育游戏区域,都会不断修改完善,无论是在幼儿园还是在坐地铁回家的路上,都会拿出手机思考当天发生的事情。就这样日复一日,年复一年,在无数次的"蜕变"中成长。正所谓"积少成多""聚沙成塔",从量变实现真正的质变。从一名体育专科老师到一名专业的教研员,这个过程有着无数难以想象的艰辛,但对他来说似乎这些都不值一提,这是一种精神,更是一种榜样的力量,让加入幼儿园的男教师更有底气和"盼头"。在他看来,是幼儿园给了他大力的支持,提供了良好的平台,自己只不过是一颗不断"发芽""成长"的种子。正是这种谦虚和感恩的态度,让他拥有了今天的成就。他现在带领全区的幼儿园教师不断提升专业技能,对幼儿园男教师的发展更有独特的思路和指导。也正是有这种榜样的力量,让更多的男教师积极主动加入幼儿园的大家庭,不断实现个人的"蜕变"。如果说幼儿园男教师在前进的路上是迷茫的,这么他就是一盏"照明灯",照亮更多人前进的路。在这个路上,也有越来越多的"照明灯",逐步形成强大的照明力量。这种男教师间相互影响的力量是无穷的,无论是专业的沟通还是心灵的交流,往往是个体无法实现的。"听君一席话,胜读十年书",这是男教师间相互影响的真实写照。

建立幼儿园男教师的成长团队意义重大,不只是专业上的协同发展,更重要的是"抱团取暖"的力量。在孤独的前进路上,总有那么一个人会和你"一样",就如"知己"般陪在你的身旁,让你不再孤独、不再害怕。很多男教师因为团队的存在,度过了艰难的新入职三年的困惑期,成为现在幼儿园的"顶梁柱"。有的成为幼儿园行政人员,有的成为骨干教师、名师,有的成为专职教研员,有的创办了自己的幼儿园,还有的通过学习进修成为大专院校的老师。无论现在何处,大多都仍在默默为学前教育事业贡献着自己的力量。

第五篇

行动上的蜕变：践行力

　　幼儿园教师是一个要求具有使命感和高度爱心的职业,要求我们用深情和信仰滋润幼小心灵,引导他们成长为勇敢、创新、充满正能量的人。充当这一角色的实践者,必须注重倾听和尊重孩子们的想法和愿望,鼓励他们勇往直前,开拓创新,使每一天都充满生命力和勇气。

　　我们坚信,幼儿教育的理念是将孩子作为教育过程的重中之重。我们深入培训,不断提高自己,用实际行动为幼儿教育事业谱写出属于自己的精彩篇章。我们相信,幼儿教育有望为孩子们开启美好成长之路,为每一个孩子都创造无限可能性。

　　让我们携手共进,在这条彩虹般的路上,为幼儿园教育事业创造更大的价值,诠释出属于自己的无限美好。

第十三章

"践行"学习之道

读书:跬步之"积"

读书可以洗涤一个人的心灵。当你迷惑时,读书可以指明方向;当你苦恼时,读书可以让你释怀;当你兴奋时,读书可以让你宁静;当你疲惫时,读书可以抚慰你的心灵。读书可以让人明智,读书也可以让人明知。与书中作者的灵魂碰撞、交流,是人生一大快事。

"读书,哪里有时间""在幼儿园每天都在忙,哪有时间写东西",一提到读书学习,一提到写东西,这是最常见的回答。"时间就像海绵里的水,挤一挤总会有的",读书实际并不像大家想的那么轻松,但也没有那么难。读书,是增长知识最直接的方法。"21天就会形成一个习惯",关键看你有没有这耐性。我身边有一位幼儿园男教师出了一本专著,我问他什么时间写的,他的回答令我大吃一惊:"每天坐地铁的路上,这是我独立思考的时刻。"我惊讶的同时,想起"水滴石穿"这个成语,只要持之以恒、坚持不懈,肯定会有所改变。我看过李镇西老师公众号的文章,基本每篇文章的末尾都会标注写作的时间和地点,比如2020年7月31日于虎门至长沙的高铁上,写作时间基本都在"路上",这种见缝插针的时间观念,这种抓住空闲独立思考的品质,的确值得大家学习。我没事就会打开手机,看看微信、看看朋友圈、看看突然弹出来的新闻,就这样一看就是一个小时甚至更长时间。手机就是这样抢走了我大多数空闲时间。自从加入区的读书会以后,我开始尝试改变原来的习惯,自己制订了看书计划:睡前行动半小时,即读书十分钟、思考十分钟、书写十分钟。我的枕头下面总会放一本书,睡前习惯性读十分钟,再围绕读书内容联系实际去思考,然后把自己的思考记录下来。自从养成这个习惯,从尽力坚持到停不下来,就这样我一直"啃书"、思考和书写。当写论文或写材料的时候,突然发现好多已经是"现成",搭个架子就写成了,就这样我成了幼儿园的"笔杆子",这也是我做梦都想不到的,一个写作"恐惧者"实现了"蜕变"。

阅读,犹如迷雾中的一束灯光,让你看清前进的路。有成长自觉之人都是喜欢阅读之人。无论读什么,都要学会用自己的话表达出来,这种知识的转化要比单纯阅读更有效果。读领域中专家的代表作,细读精读品读,用自己的语言表达出书中的观点和思考,让书本的智慧充斥你的大脑,并用这种智慧指导你的实践。读一本好书,聆听作者的心声,欣赏品味作者的文采,与作者的思维不停碰撞,这种惺惺相惜的感觉唯有读书者方能体会。

除了书籍之外,我还喜欢读最新的文件或政策,以及权威的解读,比如《幼儿园保育教育质量评估指南》一发布,很多权威人士解读的文章随之出现,我都一一拜读。也正是这个习惯让我在一次突发的采访中表现得"洋洋洒洒"。那是《广州日报》的专题采访,我也有幸受访,对于这个专题我已经在"睡前半小时"学习思考过,面对采访我"一口气"完成,虽然上报的内容只有小小的"豆腐块",但也让我有小小的自豪感。这就是读书的魅力,这就是思考的魅力,这就是写作的魅力。"睡前半小时,专业一小步"。

"饥饿":学习之"力"

面对日益丰富的知识获取渠道,我们每天主动或被动地吸收着各类信息。无论是视频、声音还是文字,都或强或弱地刺激着我们的大脑,大脑在各类刺激中"游走",时而兴奋时而抑制。也正是在这个"富"媒体时代,我们的大脑不再"饥饿",每天在短视频、朋友圈等信息中得到满足,正是这种强刺激让我们进入一种信息"超饱"状态。记得在初中的时候,信息化技术比较落后,有一台录音机已经是非常奢侈的一件事。在英语课上听老师播放磁带，全身心被里面的声音吸引着，心想如果自己有一台录音机那该多好啊。当时家里给买了一台小录音机，我如获珍宝，每天听磁带、跟着模仿，还模仿英语的语调不断录音，感觉那种学习方式太有吸引力了。如果当时有一台平板或一部智能手机，如果当时像现在一样是信息爆炸时代，我还会不会抱着录音机不放，还会不会沉浸在耳朵的享受之中，这些我们无法跨时代比较，但有一点可以肯定，我不再那么专注，因为我不再"饥饿"。制造"饥饿感"是每位教师前行路上的一道难题，因为"制造"本身意味着痛苦，改变原有习惯的不适。放下你的手机，让你的心静一会儿，可能会少有不适，或者想去抓点什么。这时拿起一本书，静下心来，不用很长时间，只要每天给自己五分钟时间。一个月之后你会发现，开始有了主动找书看的习惯，这也许是你真正学习的开始。这时找一本自己喜欢的书坚持读下去，每天都读一本书，不一定是专业书籍，可以是文学的、历史的、天文地理的，只要你喜欢。坚持一个月反复读一本书，你会发现：在你需要思考的时候，这本书的内容"主动"呈现在你的眼前。再读一本专业书籍试一下，坚持一个月，一年坚持下来至少可以读十本书。如果深入聚焦你感兴趣的主题或问题，一年下来你肯定会有突破。如果每本书再写出读后感，并借助实践再反思，一年下来或许你会成为这方面的"专家"。这就是学习的力量，这就是"饥饿"的力量，这就是习惯的力量。教师不缺学习的知识，却紧缺"制造饥饿"的能力，对自身如此，对幼儿亦如此。如果你愿意尝试，下一个"制造饥饿"的人就是你。

行动：想象之"虚"

"班级管理"是幼儿园教师的必备技能，无论对于学前教育专业的男教师还是非学前教育的男教师，都是一道看似困难的问答题。畏难情绪，认为琐碎的班级管理是男教师无法破解的难题；被"同化"的担忧，认为从事带班工作会对社会性别角色或行为产生影响。无论哪种都是基于男教师的不自信、专业知识的缺失或身份认同的缺少。男教师带班并没有想象的那么困难。男教师无论是做带班教师还是做保育员都没有不可能，也并不是想象的那么困难。

因为有幼儿园教师休产假，我被临时安排在班上做带班老师，当收到这个通知时我心里充满着"恐惧"，一是对于未知充满担忧，二是害怕自己无法胜任。我想起来"小马过河"这个故事，"自己不试一试怎么知道河水的深浅"，只有试过才知道"原来河水既不像老牛说的那样浅，也不像松鼠说的那样深"。我开始和主班老师学习，开始模仿副班老师的备课内容，开始研究如何撰写教育活动设计，在实践中践行活动实施。我读了很多关于幼儿园五大领域教育活动设计与实施的书籍，并结合现实情况开始模仿和尝试。直到后来才发现，自己学习的知识和技能与《幼儿园教师专业标准》里的内容有很多共同之处，所以当《幼儿园教师专业标准》颁布之后，因为前期的实践基础我更容易理解里面的内容。"你现在做的每一件事，对个人的成长都是宝贵的财富"，我突然顿悟，从那之后我把"践行力"三个字始终放在心上。我开始研究幼儿一日生活的流程，研究幼儿入园、进餐、饮水、盥洗、如厕、睡眠、离园等生活活动各环节的具体要求，研究过渡环节的注意事项等。从那一刻起，我感觉到了学前教育最基础但也是最核心的内容，也感到自身专业知识的不足。

实干：解困之"策"

"空谈误国，实干兴邦"。战国赵括"纸上谈兵"，两晋学士"虚谈废务"，都是"空谈误国"的教材。只有锚定方向、践行于实，在实践中不断学习、不断反思、不断改进，才能真正实现心中的理想和抱负。"五力"中的践行力实际就是通过不断学习、行动和反思，形成完整的践行链条，在践行中不断推进、不断循环，真正实现幼儿园男教师的专业发展。践行力不只是幼儿园男教师独有的，而是每一位幼儿园教师都必须具备的核心素养。相对来说，幼儿园男教师因为职前专业的差异，更需要"深耕实践""践行反思"，以免只有理论的高度，没有实践的厚度，只会泛泛而谈，不能脚踏实地，而成为"虚无缥缈"的"空谈家"。教师专业发展的理智取向就是不断丰富专业知识，以提升自身专业能力，打牢基本功，以促进教育的效能，反思发展趋向更加注重教师的实践知识和反思能力。专业发展从注重效率的工具性到注重个体的

第十三章 "践行"学习之道

主体性,注重教师由内而外的发展内驱力。从理智取向的工具性到反思取向的主体性、生态取向的共生性、实践取向的意义性,体现了教师发展的不同的视角和价值观念,对教师的专业发展都有其独特的价值。

幼儿园男教师需要有强大的践行力。学习、反思和研究是提高践行力的有效方式。男教师需要不断学习和掌握新的教育理念、教学方法和教育技术,将其运用到实践中去。在实践中,男教师要积极参与教学活动,探索创新教学方式,培养自己的教学能力和领导力。同时,男教师还应该在实践过程中不断进行反思和总结,发现自己的不足之处,不断完善自己的教学方式和方法。2015年12月31日,广东省教育厅发布了《广东省幼儿园一日活动指引(试行)》的通知,其中规定每天需要为幼儿提供不少于1小时的连续自主游戏时间,以创造一个有利于幼儿自主发展的环境。然而,在我园的实际操作中,我们面临着许多难题。首先,时间安排上的问题。在面对着"不少于2小时户外活动,其中1小时体育活动"的同时,我们也需要确保各个场室的有效利用、不空场,同时还需要安排一定的集体教学时间。在这样的情况下,很多幼儿园的自主游戏时间被零碎分割,而无法确保1小时的连续性。其次,我们发现自主游戏的内容比较随意,甚至缺乏指导。在给幼儿的自主游戏提供形式上的自主性时,我们却没能提供合理有效的游戏内容。而有时候场地负责的老师请假,也会造成自主游戏内容随意不系统的问题。最后,我们的自主游戏形式过于单一,甚至缺乏混班和混龄的多重结合。这使得我们无法真正满足不同年龄段幼儿的不同需求,也不敢将自己的特色课程融入自主游戏中,以免被质疑为"伪自主游戏"。此外,不同年龄段幼儿的自主游戏时间也应该根据实际情况进行分配,而不是一刀切地予以处理。在面对这些问题的时候,我和我的团队决定制订出更加科学、规范的方案,这将是一场不断探索、不断完善的过程。我们坚信,只有这样,我们才能真正做到为幼儿提供一个有利于自主发展的环境。

在面对幼儿园自主游戏管理方面的问题时,我开始认真阅读相关文件,思考如何将园本精神贯彻到实际中去。考虑到园区的不同特点和场地大小不一的情况,我为A园区和B园区设置了不同的混龄模式。对于A园区,我们采用了全园混龄的模式。这意味着整个园区的外场地、功能室和班级活动室全部对孩子们开放,每个区域的每个位置都有专人负责。这种模式的优点在于孩子们可以根据自己的兴趣和意愿自主选择场地和项目,并且有专人带领他们进行游戏和活动。孩子们可以在全园范围内享受到多种多样的自由玩耍的场所和项目,真正实现了自主选择,让孩子们更加自由自在。但是,这种模式需要用到大量的人力资源,如果有老师请假等因素影响,某些区域可能无法正常开展活动,同时由于路线较长,也会浪费一定的时间。对于B园区,我们采用了分三大区域每月轮换的混龄模式。根据园区前中后座建筑的特点,我们将B园区分为了全中后三个区域,并在每个区域内设立了不同的场所和项目,供孩子们自主选择。孩子们每个月可以在本区域中自由选择。这种模式的优点在于在1个月的时间内,园区内的每个档口老师都可以相互兼顾,同时可以对本区域内的孩子进行专注的观察,可以让幼儿的活动更加安全。不过相对于全园混龄的模式,孩子们选择的内容相对较少,需要3个月才能尝试完成全园内的所有项目。在实际实施时,我带领大家思考和行动。通过前期的规划和思考,并在实践中不断总结教研、培训、改进等工作,我们充分实践了"思考+践行"的理念。在一个学期的实施中,我们园从无到有,从迷茫到实现自主游戏的管理。让孩子们在一个自由、安全、多样化的环境中成长,真正做到让幼儿在游戏中发掘自己潜能的目的。

时间的推移带来了新的问题,这让我们意识到,对于幼儿的自主游戏,还存在一些误区需要正视和纠正。首先,有些人认为自主游戏是完全自由、没有任何限制的游戏,但事实上自主游戏不仅仅是为了让孩子感到快乐,更重要的是要促进其发展。自主游戏并不是无限制的放任,也不是没有规则的游戏,而是在一定规则下的自由,目标是指向孩子的发展。在缺乏规则的游戏中,孩子无法控制自身冲动,容易养成以自我为中心的不良习惯。而在经过规则训练的自主游戏中,孩子可以在一定规则范围内自由创作与探索,培养出良好的社会经验和规则意识。其次,有些人认为自主游戏是不需要教师指导的游戏,这也是一个误区。教师的指导和引导可以帮助孩子更好地获得游戏体验,并确保游戏的正常开展。通过观察孩子的游戏情况,教师可以了解孩子的兴趣点和发展方向,及时给予指导。同时,教师的介入也有助于培养孩子的合作意识和规则意识。最后,有人认为自主游戏提供的材料越多越好,但是这也是一个误区。过多的材料只会使孩子感到无所适从,无法找到游戏的主题和方向,会分散孩子的注意力,影响孩子间的合作和交流。因此,提供的材料要符合孩子的需要和兴趣,合理控制数量和品种,让孩子能够深入地探索游戏主题,并在合作中获得成功的体验。针对这些问题,我们可以从幼儿园整体的角度出发,充分利用不同功能室的作用,凸显幼儿园特色的游戏元素,统筹规划整个幼儿园的自主游戏活动,形成一个完整的"大布局"。除此之外,我们也要注重实践,勇于尝试新的方式和方法,不要轻易放弃,坚持下去,相信我们一定会收获意想不到的好结果。

"幸福的生活是干出来",实干才是根本,实践才是本源,"实践是检验真理的唯一标准"。面对困难时,不要讲理由、说困难,而是思考"怎么做""如何做",大胆践行下去,肯定会有意想不到的收获。

施压:担子之"重"

"赶鸭子上架",不逼一逼自己怎么知道不可能。"你来做个讲座",突然收到园长的通知,我着实惊出一身汗,上一节教学活动肯定没问题,做讲座对于我这种不善言辞的人来说简直"压力山大"。区教研院开展教师风采展示活动,"这是一次展示自我的很好的机会,好好准备!"园长给我鼓励。万事开头难。讲什么?怎么讲?怎样才出彩?——三个问题在我头脑中盘旋。"讲你最拿手的,把自己上体育活动的心得和所思所想可以讲一讲嘛!"我们教研组长的话让我眼前一亮,自己日常的所思所想、所碰到的问题和思考不就是一个很好的主题吗?我开始对自己的体育活动经验进行罗列、整理、分析,形成文字,这样写下来,一发不可收拾,字如泉涌。文字稿一气呵成,后期如何去梳理讲座的整个结构,成为一道棘手的难题。思考过后,我尝试围绕目标、内容、实施和评价四点展开。

围绕动作目标要求不能与幼儿年龄段正确对应的问题。在幼儿的动作发展方面,大班、中班和小班的要求是不相同的。以平衡为例,小班的要求是能够直线走路或者在狭窄的低矮物体上走一段距离,中班则要求在低矮的物体上能够"平稳地"走动,而大班则需要在斜坡、荡桥和相互之间有差距的物体上能够较平稳地行走。因此,教师需要清楚掌握各年龄阶段所对应的动作要求目标,以避免错位对应。如果将大班幼儿的练习内容安排给小班幼儿,那么小班幼儿完成任务会感到很吃力,并且容易出现安全隐患,教师和幼儿都会感到疲惫不堪。同样的,如果将小班的练习内容安排给大班幼儿,那么大班幼儿会觉得没意思,没有挑战性。此外,教师在掌握动作目标时,需理解这只是一种参考或参照,而不能生搬硬套,否则很容易将其作为评价幼儿的标准,这样做是不妥当的。例如,小班的幼儿要求两脚着地爬,因为小班的幼儿上肢力量比较弱,需要手肘和膝盖着地才能完成。如果要求幼儿抬起膝盖爬行,则容易导致身体重心前移,出现安全问题。因此,对各年龄阶段的动作目标要有一个明确的对应,教师可以根据每个孩子的发展情况安排相应的任务,让能力较强的幼儿适当挑战一些目标,但需根据每个孩子的最近发展区,而不是随意挑选任务。

针对内容与幼儿年龄特点偏离的问题。不同年龄段的幼儿具有不同的心理特点。例如,小班的孩子更喜欢玩集体游戏,他们对游戏的过程感兴趣,而对游戏结果不太在意。在选择游戏情节时,不应过于复杂,游戏角色也不能太多。他们通常更喜欢像"大灰狼抓小白兔""猫捉老鼠"一类的游戏,保持他们的新鲜感,持续吸引他们参与其中,锻炼他们的协作能力。中大班的孩子偏好任务型、比赛型的游戏,特别是对于那些有挑战性的游戏,如"接力跑步比赛""炸碉堡"等,他们表现出了极大的热情。然而,如果让大班的孩子玩"大灰狼抓小兔子"这样的游戏,他们很容易感到无趣或者枯燥,参与度明显下降。这是因为中大班幼儿对游戏挑战性的需求更强,需要对游戏进行不同的规划,以满足他们的需要。

因此,在选择幼儿游戏内容时,相应的年龄特点是很关键的。游戏内容应符合幼儿的年龄需求和心理特点,以提供适当的挑战并提高参与度。而教师要根据幼儿的年龄段和发展需求,合理规划游戏内容和方式,使幼儿能够获得更好的游戏体验并实现更好的成长。

针对活动设计和实施的问题。在体育教育中,存在着体育游戏和体育活动这两个不同的概念。体育活动是一种有目的、有计划的集体活动,在老师的带领下进行教与学的过程。这种活动体现了老师指导性的特点,老师通过指导和引导,使幼儿在体育活动中不断得到锻炼和提高。而体育游戏则主要是一种游戏活动,包括教学游戏、规则游戏和自由游戏等不同形式。

第十三章 "践行"学习之道

教学游戏是老师创设游戏情景,以游戏作为集体教学的手段,达到教育目的;规则游戏是已经制定完整规则的游戏,例如"老狼老狼几点钟"等;自由游戏则允许幼儿自主选择和安排游戏内容,通常涉及不同的体育运动项目。体育活动通过一节课来达到一定的锻炼目的,具有较强的针对性。体育活动往往通过体育游戏来实现,例如在"老狼老狼几点钟"这个游戏中,老师可以把跑、跳等动作作为锻炼的目标来重点练习,同时进行适当的教与学,让幼儿掌握相关的体育动作。因此,体育活动和体育游戏是两个不同的概念,体育活动主要是以体育游戏的形式来开展的。在进行体育教育时,教师应该根据幼儿的年龄特点和喜好以及锻炼目的和要求,合理规划体育活动和体育游戏的内容和方式。通过体育游戏和体育活动的结合推动幼儿的体育锻炼和身体素质提高。

关于体育活动的结构,要根据幼儿的心理机制分为三个阶段,即热身、运动和放松三个阶段。在运动前应进行适当的热身运动,以避免关节肌肉拉伤,并在热身后明确学习目标和复习内容,而在运动后则应逐步降低运动强度,进行适当的放松运动。教师需要制定活动目标、活动内容和活动的组织,并进行彻底的备课工作。这包括备教材、备场地(安全性和合理性)、备器材(包括考虑器材是否合适开展游戏)和备幼儿。活动目标制定好后,要根据预设生成进行活动的组织,包括老师的口令、队形的调动和常规要求等。同时,还要考虑运动量的把握、场地器材的合理性和动静交替等方面。在开展体育活动时,应该注重锻炼性、趣味性、教育性和安全性等特点。其中,锻炼性是体育活动最为根本的特点,即要重视身体的锻炼,不能因形式而忽略最根本的锻炼问题。在选择体育器械时,应该清楚主次之分,了解哪些器械是用来锻炼达到目标的,哪些是用来增加趣味性、协助完成目标的。应该进行适当的筛选,确保所选器械符合课程目标和幼儿的实际需求。在设计课程时,应该明确并专注于一到两个主要锻炼目标,不应贪心地追求多个目标。我们建议应根据幼儿的实际需求和体能水平,选择明确的、可达成的、符合科学规律的锻炼目标,确保课程的科学性和有效性。教师也需要不断练习自身技能,并参考幼儿体育书籍或大量搜索相关视频进行学习,只有不断学习和进步,才能使幼儿体育教学变得更加科学和有效。

围绕评价存在的问题展开。在评价课程时,需要综合考虑不同要素的相互作用,以达到让幼儿获得最大的收益为目标。也应考虑到幼儿个体差异,以此来制定不同幼儿的不同教学策略。评价成果也不应单纯依靠测试结果,而需要综合考虑多方面的因素,比如幼儿的基础情况、身体素质、参与度等等。这样评价出的结果更能反映出课程的真实水平和幼儿的真实情况。考虑到幼儿的个人能力(即遗传因素),我们应该在此基础上制定针对性的训练计划,以帮助他们充分发挥潜力。在幼儿最近发展区内(基于维果斯基的最近发展区理论),我们需要提供适当的难度水平,以帮助他们发展和提高运动技能水平。为了有效地锻炼,我们必须给他们提供分层次的锻炼计划。这意味着我们需要提供不同的难度级别,以适应不同年龄和能力水平的幼儿。具体而言,我们需要根据幼儿的个人发展水平和技能水平来制订个性化的锻炼计划,而不是让所有幼儿都一起练习相同的锻炼项目。因此,"分年龄段分层次"非常重要,以保证锻炼的有效性和安全性。

幼儿园男教师学习有很多种方式,比如教学实践、学习共同体、研训研讨等多种形式,对男教师的快速成长起着关键的作用。"赶鸭子上架"也是一种非常有效的形式,利用外驱力激发教师的内驱力,往往会起到意想不到的效果。教师要有赶自己"上架"的主动性。要有教学的道德,同时也要有教学的勇气,要主动承担教学公开活动。只有自己有强烈的进取心,不断挖掘自身的潜能,不怕困难和挫折,有着"不到长城非好汉"的豪情壮志,才能在前进的路上成为一道独特的风景。

谦学:博专之"兼"

学前教育的知识犹如"汪洋大海",每一个点都深不可测。只有面面俱到并不断聚焦,才能做到专业的不断成长。幼儿园的知识是需要整合的,是需要实践的,是以幼儿为主体的。不但要向书本学习、向实践学习,还要和同事学习,和幼儿学习。

在职业发展中,每个人都需要持有"空杯"心态,愿意积极学习和接受来自他人的建议和评价。对于幼儿园男教师而言,学习的态度尤为重要,因为作为教师,需要不断提高教育水平和教育能力,应该有求知若渴的精神。在

第十三章 "践行"学习之道

实践中,男教师面临的问题需要通过学习来解决,例如缺乏专业知识和能力的全面性等问题可以通过学习教育相关的专业知识和技能来解决。学习还能够帮助男教师拥有正确的态度和心态,不断完善自己的职业素养并增强幼儿常规管理、安全防护等方面的知识和技能。学习能够使男教师具备创新思考的能力,在实际工作中更加灵活和自如。最重要的是学习能够帮助男教师树立正确的学术观念,愿意接受来自他人的批评和建议,以此为基础不断提升自我。

勤学习、勤实践、勤思考,男教师尤应如此。要学会从自身优势切入,向多领域渗透,增加自身的研究力,拓宽多个领域的知识,增加自身专业知识的全面性。比如,在做幼小衔接的活动中,男教师可以发挥自身信息技术或体育专业的优势,从信息技术赋能各领域的幼小衔接的角度出发多做思考和研究,也可从体育活动的幼小衔接入手,发挥自身"闪光点",多反思、多思考。

被访的一名男教师说:"如果你单方面比较出众,一直在该方面发展,虽然有所成就,但是他人对你的认知可能就停留在那方面,不会觉得你全面素质很突出。"作为幼儿园教师,男性教师需要具备综合性的保教知识。这包括对幼儿身心发展的基本规律的了解,以及通过个人亲身体验、直接感知以及实践操作等方式,逐步掌握幼儿发展中直觉行动思维、具体形象思维以及萌芽状态的抽象逻辑思维等方面的技能。男性教师还应该具备幼儿发展年龄特征和个体差异方面的知识。要为解决幼儿成长过程中常见问题和可能存在的特殊需求做好准备。男性教师需要了解法律法规,尤其是与幼儿保护权利相关的法律法规,如《中华人民共和国未成年人保护法》《中华人民共和国儿童权益保护法》和《儿童权利公约》等。幼儿园教师应同时掌握必备的保育教育知识,这是教师职业化的重要标志。《幼儿园教师专业标准》的基本内容构架包含了专业理念与师德、专业知识和专业能力3个维度、14个领域。基本要求层面更是详细说明了幼儿园教师必须具备的专业态度、知识与能力。幼儿园教师应特别强调幼儿的生命安全和身心健康,具有相应的专业知识和能力。此外,还应掌握和尊重幼儿身心发展的年龄特点和个体特点,重视生活对幼儿健康成长的重要价值,重视环境和游戏对幼儿发展的独特作用,掌握幼儿园环境创设、一日生活安排、游戏与教育活动、班级管理的知识与方法等。此外,艺术素养和现代信息技术方面的知识也是幼儿园教师必须具备的。因此,幼儿园教师应不断学习与提高自身素质,不断提升保育教育的水平与能力。

此外,男教师更喜欢框架式地掌握知识,对细节方面的把握不如女教师。根据男教师的特点,可以从幼儿学习路径入手,把幼儿学习的难度阶梯图示化,便于男教师掌握。男教师要主动把各领域幼儿学习路径的知识图示化,形成手册,以便于开展教学实践,做到"胸有成竹"。比如数学逻辑性强、知识抽象,幼儿本身不易掌握,且男教师对幼儿特点掌握不深,造成男教师开展数学活动的难度和困惑,与男教师本身逻辑性强、思维活跃形成反差。男教师要学会从幼儿对各个知识点的学习路径和阶梯入手,结合幼儿年龄特点制定适宜的策略,才是提升自身数学教育知识和技能比较快速的方法。

幼儿园男教师需要具备的行动力包括学习、实践和反思。学习不仅仅停留在课堂上,还应该在生活中,尤其是关注幼儿教育的最新研究成果,不断更新自己的教育理念和知识。幼儿园男教师应该将所学理论和实际工作相结合,切实落实到自己的教育实践中。反思则是从实践中不断总结经验,发现问题并改进,是不断提高自身的重要方法。在行动力方面,幼儿园男教师也需要有较强的自我管理能力,要合理安排自己的时间和任务,以提高工作效率和质量。

除了自身的力量外,幼儿园男教师还需要外部力量的支持。宏观层面的支持包括国家政策和社会舆论的认可和支持,微观层面的支持则包括园长和同事的理解和支持。园长需要给予男教师更多的机会和空间去展示自己的才华和能力,同事则需要相互支持、相互学习,携手推动幼儿园男教师的专业发展。

第十四章

"践行"反思之道

收放：意义之"寻"

面对一群学龄前的幼儿，对于新入职的男教师来说的确是一个挑战。在现实中我们发现，幼儿园男教师更容易调动幼儿的情绪，活动现场热烈，幼儿参与度高。同时也存在纪律相对较差的状况，幼儿兴奋难以自控，教师后期管理困难。纪律与满足的均衡和协调也是男教师急需解决的问题。到底要不要纪律，怎样做好两者的统一，急需男教师学会活动组织的整体把控能力。

记得刚入职的时候，我组织了一节大班体育活动"大渔网"，幼儿一见到我是男教师都非常兴奋，好多幼儿在跳着、向前挤着，前面的幼儿还抱着我的大腿，活动还没开始就有两名幼儿的头碰到了一起；在游戏中又出现了幼儿相互碰撞的安全问题。当时我心里又心疼又沮丧，心疼幼儿因为自己而受伤，沮丧自己的组织能力。在接下来的日子里，好多班级都害怕我去她们班做体育活动，我一度陷入困惑和迷茫。教学主任和我进行了谈话，并对活动的组织方法进行了指导，让我明白幼儿园是"保教"结合，不能用中小学上课的方式去组织活动，要注重"保育"的任务；要做好活动组织的常规、纪律、规则的说明和要求，明确好活动范围和路线；把握好幼儿的兴奋度，做好纪律与满足幼儿的协调和均衡。通过谈话我豁然开朗，原来幼儿园的教育教学是更加复杂、更加需要教师耐心、更加需要教师组织能力的。随着学习与实践的积累，我认识到纪律是基础，满足幼儿是核心靶向，两者要协调均衡，收放自如。

在从教生涯中，总会碰到几个"调皮"的孩子，老师们需要花费更多的心思在他们身上。我记得我碰到过一名这样的幼儿，至今记忆犹新。他叫波希（化名），是一名中班的男孩，个头大，爱捣乱，有攻击行为，不听老师劝告，严重影响着班级秩序的管理。老师想尽了办法去维持班级常规，往往事与愿违，孩子越闹越欢，甚至跟老师对着干。结果是老师头疼，其他家长也有意见。一次体育活动上，老师问："你们喜欢什么运动？"波希听到后马上挤到前面，一边挤一边大声说"我喜欢跑步"，并不断放大嗓门。班上老师怕影响其他孩子的活动，出于安全考虑，赶快把他拉到一边。波希非常不情愿，用力挣扎大声叫喊，并趁机咬了老师一口。课后，我问波希："你喜欢什么运动？""我想跑步！""那我们现在就去跑步吧！"波希眼睛一亮，兴奋地跳起来。在空阔的操场上，我放开波希的腰并发出口令，波希舞动双手冲了出去。跑了两圈后，我问波希："累不累？"（一般幼儿跑两圈就累了）波希说："不累！"波希又跑了一圈，我看到他速度慢了下来，脸上很满足的表情。后来听班上老师说，波希中午睡得很香，下午还主动和老师说笑，老师问他上午咬人的事，波希显得内疚。

事后，我想起我们教学主任之前对我说的话，要做好纪律与幼儿需求满足的协调与均衡。对此我陷入深深的反思：像波希这样的孩子真的那么调皮吗？实际上并不是我们成人想象的那样故意捣乱、搞恶作剧，而是他们在表达一种信号：我需要能量的释放。案例中，波希通过参与自己喜欢的跑步运动，情绪快速好转，所谓调皮的孩子也变"乖"了。我翻阅幼儿心理学的相关书籍，到中国知网查阅相关的文献资料，发现体育活动在幼儿情绪调节方面可以发挥重要的作用。幼儿园阶段，幼儿的情绪有稳定性差、易冲动、易受外界感染等特点，幼儿的需要得不到满足，就会即刻爆发不良情绪。幼儿消极情绪不能及时得以解除，长期积累会造成心理障碍。在日常生活中，帮助幼儿调节情绪的方法有很多，其中体育活动是增加幼儿良好情感体验、消除不良情感发生和发展的最佳手段之一。

善用体育活动的情绪调节功能，做到纪律和幼儿需求满足的协调均衡，收放自如。以下介绍体育活动疏导幼儿情绪的几种方法。

第一,体能消耗法。跑跳类项目:在幼儿基本运动技能中,跑跳是消耗体能比较大的项目,可以通过跑跳来消耗幼儿体能,以达到情绪释放的目的。竞赛类项目:竞赛类项目往往伴随着竞争、对抗,可以在体验成败中消耗体能。同时竞赛类项目对注意力要求相对集中,可以在紧张的比赛中转移幼儿的不良情绪。

第二,情绪宣泄法。拳击类项目:这里的拳击类项目不是对打,而是击打适合幼儿高度的软体不倒翁,同时给幼儿以提示语——把不良情绪打倒。球类项目:篮球,双手把篮球用力摔在地上、墙上;排球,用力拍打悬挂的软球;足球,把足球大力踢进球门、墙上或者踢向天空,同时给幼儿以提示语——把不良情绪像球一样用力踢走。投掷类项目:投掷可以发出响声的铃铛、锣鼓等目标物,并提示幼儿发出爆破音,如嘿、哈。

第三,心理放松法。满足孩子的需要,做他们喜欢的项目。幼儿喜欢的项目往往是自己最拿手的,在运动中幼儿能找到自我认同感。尝试角色扮演:在体育活动中幼儿通过扮演猛兽、老师、正面人物等角色,行使角色的特权,达到宣泄情绪的目的。加强感官刺激:颜色鲜艳、质地柔软、数量丰富的体育器材,能较强烈地刺激幼儿的神经,达到缓解不良情绪的目的。

以上方法中,为避免出现安全隐患,要做到以下原则:幼儿做到"三不"——不影响别人、不伤害自己、不破坏物品;老师做到"五注意"——注意场地安全、注意运动的量、注意幼儿面部表情、注意分组教学、注意走跑交替。我们要充分发挥体育活动的情绪调节功能,把握好幼儿情绪调节的方法和技巧,最终达到缓解幼儿不良情绪,提高幼儿心理素质的目的。

幼儿是独特的个体,幼儿期具有独特的年龄特点,对世界充满着好奇和兴趣。作为男幼师我们注重满足幼儿的需要、强调活动的趣味性的同时,也要协调和提升本身薄弱的班级管理经验。把基础打牢,让常规成为无形的规则,在充分满足幼儿的需要中做到游刃有余。

思过：安全之"责"

安全是教学活动实施过程中必须高度重视的一个问题。对于男教师来说，自身经验不足或考虑不够周全，相对经验丰富的老教师来说更容易发生安全问题。

幼儿园男教师在发挥性别独特优势的同时，不但要学习女教师的耐心细致，更要提升自身专业水平，科学做好幼儿的安全防护。《幼儿园教育指导纲要（试行）》提出，必须把保护幼儿的生命和促进幼儿的健康放在工作的首位，对幼儿的安全工作提出了很高的要求。2022年教育部印发的《幼儿园保育教育质量评估指南》（以下简称《评估指南》）中将保育与安全作为评估的主要内容之一，包括卫生保健、生活照料、安全防护等3项关键指标。这些都从政策层面对幼儿园教师提出了明确的要求。如何做好幼儿的安全防护，特别是做好户外活动的安全防护，成为幼儿园男教师必修的一门课程。

在幼儿园户外活动中，普遍存在着"安全压倒一切"与"尊重幼儿天性"的矛盾。现实中并不存在万无一失的儿童游戏场所，也没有一套标准化的措施可以预防所有的伤害。所以，幼儿园面临着实际问题和现实矛盾，需要权衡安全和幼儿天性的发展，采取适当的措施，提供安全的游戏环境，同时尊重幼儿的天性，让他们有机会自由探索、冒险和发展。这是每个幼儿园面临的挑战和任务。

针对现状我们是"因噎废食"还是从专业的视角科学面对？作为幼儿园男教师更应承担起这个责任，科学分析、精准判断，带领幼儿园老师在"安全防护"之路上趟出一条明确之路。经过多年的学习和实践，针对幼儿园户外活动我提出以下安全防范的策略，希望给新入职的男教师提供思路和参考。

一、析要素、重技能

(一)三要素

1. 教师要素

环境和器材虽然是物理因素,但其创设和布置是由教师来完成的,因此教师在诸多关系中扮演着能动者和主导者的角色,教师的安全意识直接关系到活动的安全性。因此,教师需要对自身、幼儿、外界环境等方面有充分的认识,从而选择适当的活动内容和组织方法,采取必要的保护措施。在此过程中,教师不仅是幼儿的教育者,也是他们的保护者。《评估指南》提倡重视有特殊需要的幼儿,尽可能为其提供相应条件,以确保他们能够参与班级的各项活动,并给予必要的照料。在活动中,教师还需要关注是否照料到所有幼儿,是否照顾到那些需要额外关注和照顾的幼儿。教师在幼儿园中既是管理者,又是幼儿的教育者和保护者,在活动安全和特殊幼儿的关注方面都起着至关重要的作用。

2. 幼儿要素

(1)充分了解幼儿的年龄特点。幼儿在天性上活泼好动,尤其是在开阔的户外环境中更容易兴奋。然而,由于幼儿身体发育不均衡,大肌肉发育较早,而小肌肉发育不够完善,基本动作(如跑跳等)经常能够熟练掌握,但协调性方面需要进一步提高。此外,由于神经系统还未完全成熟,对外界新异刺激会表现出强烈反应,但注意力持续时间较短。因为幼儿的心理发育还不成熟,他们的认知水平较低,缺乏对危险的预见能力,这使得户外活动的安全性成为一个挑战。为了有效保证幼儿户外活动的安全性,我们需要深入了解幼儿的特点,根据其发展的不同阶段制定相对应的安全措施。只有掌握了这些特点,才能够"有的放矢""巧妙化解",以确保户外活动的安全性。

(2)着力提高幼儿的防范技能。要帮助幼儿学习判断环境、设施设备和玩具材料可能出现的安全风险,增强安全防范意识,提高自我保护能力。教师对幼儿要素的把握,除了了解幼儿的年龄特点之外,还要做好幼儿自我防护方法的指导和教育。

幼儿的安全意识相对欠缺,因此对事故的发生必须采取提前预防和监督措施。针对学校和儿童园内各种潜在的危险位置,教师应该预先规划并设立危险禁区,例如秋千前后、吊环和单杠前后以及篮球架下。同时,教师应该引导幼儿学会辨别危险事情,这包括识别运动器械和动作中所包含的危险因素,以及拥有自我保护的意识。幼儿运动时容易发生意外伤害,教师可以通过案例教育的方式帮助幼儿了解事故的前因后果,并逐步提高他们的知识和经验。此外,幼儿还需要学会应对突发危险的应急技能。针对碰撞、跌倒和跌落等情况,教师可以教授相应的应对策略,例如碰撞时应立即减速、侧身躲避和屈臂阻挡,向前跌倒时可以采用屈膝、伸开五指并顺势侧身滚动的方法。对于教育方法,教师可以运用图片、录像、动画等视觉传达形式,通过学习间接经验和模仿学习帮助幼儿掌握预防和应对突发危险的技巧。此外,在设计运动游戏时,教师可以选择类似的活动内容,引导幼儿在游戏中有效掌握应急技能。

3. 环境要素

在幼儿园中,环境的安全与舒适对孩子们的成长与发展有着重要的影响。然而,这样往往会导致对户外安全事故的"必然性"大意疏忽,因此针对户外活动的环境必须提前做好摸查和预判,并切实掌握活动区域的环境干扰因素,只有这样才能降低事故发生的"偶然性"。具体来说,必须对外界环境和器械进行认识,包括场地环境,如场地大小、形状、材质;器械环境,如器械特性、牢固度及完整性;外界干扰,如声音和视觉干扰,及特殊天气引起的干扰。只有充分了解环境中的这些因素,才能更好地预防事故的发生。在孩子们参与户外活动之前,必须认真考虑并提前做好相应的安全预防措施,以确保他们的健康与安全。

(二)三技能

1. 选择适宜内容的技能

幼儿处于身体成长期,身体各项功能还未成熟,因此在幼儿体育活动中,教师应该针对幼儿的年龄特点和个体差异,选择适宜的活动内容。在活动组织中,教师应该特别注意幼儿的身体能力和发展连续性。针对幼儿的身体特点,教师应该规避那些可能会对幼儿造成不良影响的体育活动,比如需要长时间的耐力性、憋气的项目,身体对抗太强烈的运动项目。为了减少儿童伤害事故的发生,教师应该正确评估幼儿的行为后果,并知道在哪些方面可以信任他们,而在哪些方面需要给予引导和规范。在选择体育活动内容时,教师应该充分考虑幼儿的能力和发展水平,确保活动难度挑战性适当,可以兼顾所有幼儿的能力水平,同时激发幼儿自我挑战意识,提高幼儿自我判断的准确性。在器械高低设定和层次划分方面,教师应该在幼儿能力范围内,科学设置多个难度层次,以满足幼儿的成就感和自我挑战意识,同时确保幼儿的安全。

2. 学会保护帮助的技能

"保护帮助"是旨在帮助幼儿掌握各种体能动作、建立信息,并减轻其心理压力的教学概念。教师不仅协助幼儿完成动作,而且通过各种支持手段来保障幼儿的身体安全。比如在攀爬时,教师会扶持幼儿的腰部,随时待命,以避免幼儿意外受伤。类似地,在高处跳下的情境下,教师会站在一侧,托举幼儿的腋下,巧妙地将幼儿送下。另外,在需要实施前滚翻时,教师会跪在垫子一侧,护持幼儿的颈部,在另一只手的帮助下,指导幼儿轻巧翻滚。这种科学的保护与帮助不仅锻炼幼儿的身体,也帮助幼儿建立自信心,探索身体的可能性。在幼儿教育中,科学的保护与帮助是老师必须掌握的安全防范技能之一。

3. 学会应急处理的技能

在户外活动中,面对突发安全事故,教师需要掌握应急处理技能,其中包括对幼儿伤情的观察与评估、安慰与安抚幼儿等。这些技能对于幼儿的安全和健康至关重要,只有教师具备了这些技能才能做到及时处理问题、保障幼儿的健康与安全。除此之外,教师还需要掌握心肺复苏术、海姆立克急救法、癫痫病发作的急救等技能,以应对可能发生的突发状况。"宁可备而不用,不可用时无备",这也凸显了应急处理技能的重要性。通过熟知应急处理技能,教师能够在紧急情况下迅速做出正确的决策,为幼儿提供更安全的保护。

二、重常规、细搭配

(一)三常规

1. 检查常规

检查是保障户外活动安全的前置环节,也是衡量教师安全意识的重要指标。精细的检查能够避免许多"看起来偶然"的事故,而缺少检查则会让幼儿处于一个危险的未知环境中。因此,在安全防范中,我们应该把检查放在首要位置。活动前的常规检查应该包括以下方面:首先,对幼儿的身体状况进行检查,包括身体不适、疾病等。教师平时应该勤于观察幼儿的身体状况,耐心询问,以便及时把握情况,做出合理安排。其次,对幼儿的穿着进行检查,保证穿戴得当、符合安全要求。最后,对户外场地进行检查,熟悉场地并预先了解危险地形或位置,以便做好防范措施。通过有效的检查措施,教师能够及时了解幼儿的身体状况、穿衣搭配以及活动场地的安全程度,从而实现户外活动的安全保障。

2. 专业常规

户外活动是一项具有科学性的活动。任何一项活动,都有其专业要求,户外活动尤为如此。在进行户外活动前,需要进行准备运动,以帮助消除肌肉粘滞性,避免肌肉和韧带的拉伤。而在活动后,进行放松运动则有助于消除身心紧张,避免过度疲劳。在活动过程中,需要科学控制体育活动密度,合理把握运动负荷。幼儿进行户外活动的过程中,观察幼儿的脸色、出汗量、兴奋度等信息,对活动内容实时做出调控,是教师专业性的体现。然而,在幼儿园中进行户外活动的专业性相对较弱,需要进行相应的学习和研训,来加强对户外活动的科学性和专业性的认知。这包括了教师的观察力和分析能力,以及针对不同年龄段儿童的活动设计和体育教学策略等方面。只有在适当的师资力量和专业知识的指导下,才能更好地保障幼儿的运动健康,促进其全面发展。

3. 秩序常规

秩序是最容易忽视的安全要素之一。安全事故常常与秩序深度相关。由于幼儿年龄小,活泼好动,对危险的认识较浅,往往由于老师的疏忽或对秩序的重视不足而导致事故发生。在户外活动中,教师应把"秩序"视为安全防护的重要环节,并加以重视。为减少事故的发生,教师应当将器械的取放常规及使用规则作为重要措施。在取放器械前,应讲解和强调取放规则。在使用器械前,应讲清器械的使用规则和禁忌。同时,教师需坚持常规,以逐渐形成良好的活动常规和习惯。此外,在活动的纪律常规及游戏规则上,教师也需加以关注。在活动前,应讲解和说明活动规则,包括活动内容、活动范围、活动路线以及违反纪律的惩罚方式,并适时监督幼儿的执行情况。只有对规则严格执行,才能保证幼儿在户外活动中的安全。

(二)三搭配

1. 器械与场地的搭配

在进行户外体育活动之前,了解何种器材适合何种场地是至关重要的。针对幼儿园场地的材质,例如水泥、塑胶、沙坑及草地等,老师应考虑使用合适的体育器械。举例而言,拍球、跳绳等活动适合在水泥地进行,但如果使用羊角球等感统器械在水泥地上就有可能因为打滑而发生危险。鉴于户外场地材质的多样性及幼儿活动范围的不确定性,教师应认真观察并保持照料,以确保活动的安全进行。

2. 锻炼内容与场地的搭配

"什么场地上玩什么内容",这体现了内容对场地的适宜性。合适的活动内容及其场地特点的匹配关系,反映了运动活动的可行性和有效性。因此,教师在开设体育课时应充分考虑场地特点,并依此制定适宜的锻炼内容,以形成针对性强的区域性锻炼常规。例如,对于塑胶地面或松软草地,由于其弹性较好,适合进行跳跃训练;而对于水泥地面,由于其硬度较大,适宜进行耐力活动,如跑步运动。另外,场地大小对于活动内容也具有重要影响,如较小场地适宜进行平衡类训练,而不适合进行投掷、奔跑或躲闪类项目。因此,教师必须根据场地特点来设计适宜的锻炼内容,以充分展现其专业性和细致程度。

3. 锻炼内容与器械的搭配

在幼儿活动场所的设计中,应考虑设施设备的安全性和环保性,并需根据幼儿的年龄特点,方便幼儿使用和取放,满足其逐步增长的独立活动需要。同时,还需提供必要的遮阳遮雨设施和设备,以确保幼儿在特殊天气条件下能够顺利开展户外活动。因此,在幼儿活动场所的器械摆放方面,应考虑不同幼儿的需要,通过摆放不同高度、宽度的器械,以适应幼儿的不同锻炼需求,使锻炼内容的难度和层次符合幼儿的实际水平。合适的器械摆放远近程度,可以减少锻炼时的等待时间,提高幼儿的参与度和锻炼效果。在器械摆放的分散程度上,也要注意降低锻炼内容的危险系数,以保障幼儿的安全。此外,对于器械的材质也需要进行谨慎考虑,确保器械能够适合幼儿的动作内容,绝不能使用有硬度、有棱角的器械进行抛掷等动作。这些措施的实施将有效地增强幼儿的体质素质,提高其体育锻炼的乐趣及成果。

　　面对自身专业发展中的各种困难,幼儿园男教师应该勇于面对,不断审视自己、超越自己、愉悦自己。通过审视自己,认清方向,认清自己的长处与短板,从而找到自己成长的目标和方向。通过超越自己,先破后立,不断超越自身的局限,打破固有的认知和观念,成为一个有底气、有能力的专业型教师。通过愉悦自己,身心自在,接纳自身的不完美,不计较,不抱怨,保持愉悦的身心,笃定于自己的教育理想,在教师这份工作中实现自己的人生价值。只有这样才能不忘教育初心,在职业道路上创造出属于自己的精彩!

跨越:领域之"界"

　　为了"引得进、留得住",幼儿园对男教师往往格外"照顾",想尽办法为男教师"输血",特别是为非学前专业的男教师提供了较为丰富的学习和实践的机会,取得了一定的成效。但幼儿园男教师在幼儿园的专业大多仍局限在个别领域,特别凸显性别特点,比如信息技术、体育等特别突出,带班能力相对薄弱。所以大多数男教师不愿意带班,或者幼儿园把男教师放在专科老师的位置。实际上,男教师的岗位局限,根本原因还是在于男教师的"自我造血"能力不足,缺少男教师独特发展应具备的践行力"基因"。

　　作为一名男教师,要有"咬定青山不放松"的精神,有学习新知识的耐心和不达目的不罢休的韧性,只有这样才能不断拓宽自己的视野,在自己的专业路上越走越宽。不是不可能,关键看你有没有去做,只要方向正确,坚持肯定会有意想不到的收获。"我的数学是体育老师教的",这是一句幽默的话,却蕴含两层意思:体育老师不会教数学;数学和体育是两个不搭边的科目。然而,我就被调到一所数学特色的幼儿园,除了处理日常事务和上体育活动以外,经常有机会参加幼儿园的数学课程教研活动。数学教育有着固有的内在逻辑,注重知识的系统性和严谨性,注重幼儿心理发展的顺序,强调在做中学和幼儿的主动参与。通过多次教研和观摩,我发现,幼儿园在开展数学教育活动时往往以教师教授、学具操作、游戏活动等主要形式开展,运用体育活动中的数学元素开展数学活动的相对较少,这一点激发了我参与数学教学的热情。利用体育活动学数学可能还是不可能?一次教研活动中我有幸请教到一位大学的教授,他给了我前进的动力:"体数"融合是可能的,而且是必要的,《幼儿园教育指导纲要(试行)》提出各领域的内容相互渗透。

我开始搜索相关文献、请教有丰富经验的数学老教师,探索体育活动中的数学元素,然而践行之路并不是一帆风顺的。在实践中发现,体育和数学有各自独特的学科特点,两者的融合往往容易造成各自内部知识结构的缺失;体育游戏重在锻炼,数学活动的融入往往会造成体育游戏运动量的不足;在体育活动中数学知识的应用相对缺乏。《3—6岁儿童学习与发展指南》(以下简称《指南》)提出,幼儿数学认知的学习要在运用数学解决实际生活问题的过程中,获得丰富的感性经验,学会利用生活和游戏中的实际情境,借助实际操作解决实际问题。体育游戏中本来就蕴含着丰富的数学元素,是幼儿园开展数学认知的重要课程资源,比如,体育动作的方位和运动方向;跳绳、拍球、投篮等计数活动;比赛活动中的时间、速度、计分等活动。体育游戏是以肢体动作练习为主,大多在户外进行,幼儿完全可以通过肢体动作的练习,在户外更广阔的活动场所中,提升身体素质,提高幼儿数学能力。三年学习,三年反思,让我更有时间去沉淀和思考数学和体育这一对相互独立、相互包容的"冤家"。

在户外环境中,我们可以寻找到丰富的数学元素资源,比如树木的粗细、物体的远近、器械的高矮和大小等。通过运用这些元素,我们可以将数学融入体育活动中,引导幼儿感悟、理解和应用数学知识。在此过程中,我们需要将动作练习与数学操作结合起来。为此,我们可以将体育游戏的基本动作与数学材料进行联结,比如在分类游戏中,可以利用不同颜色或大小的小球、不同高矮的动物角色,结合基本体育动作进行分类。在选择动物角色时,我们可以利用动物特点促进运动量的产生,例如兔子能够跳跃,马能够快速奔跑。同样,通过精准把握器械特质,比如利用轮胎的滚动作用,可以产生滚动、拖拉、搬运等动作,从而促进运动量的增加。我们要注意,在实际运用中必须确保足够的运动量和趣味性,以确立体育游戏的核心目标,同时体现数学在其中的价值。除了资源的巧妙运用外,体育游戏中"用数学"是"体数"融合的核心点。实际利用体育游戏进行新授知识的学习效果不是很理想,反而数学在体育游戏中的巩固和运用却往往引起幼儿的好奇和兴趣。平时要引导幼儿注意事物的形状,关注周围的数,体会或创编有规律的动作,尝试解决日常的数学问题。比如,拍球、跳绳、跳远或投沙包时,可通过数数、测量的方法确定名次。实际上,体育游戏中包含大量需要测量、比较、计算的数学任务,教师要学会把这些任务还给幼儿,让幼儿学会"自己的事情自己做",和教师共同寻求解决问题的方式和方法,在问题解决中学到数学知识。体育游戏中有分组、排序、成绩计算等数学应用的内容,通过计时、计数、测量距离或高度等解决实际的问题。针对这些问题,教师把问题还给孩子,在应用中巩固和练习所学的数学方法,真正达到学以致用的目的。比如,在测量投掷、立定跳远的远度的时候,大多数由老师进行。实际上这恰恰是让幼儿开展自然测量的很好的契机,可以让幼儿用自己的脚长、手长等工具进行测量,每个人都做好统计,可以统计自己的,也可以统计其他幼儿的,把跳远的测量融入自然测量和统计的知识。

教师也要学会制造问题,在自然测量中,教师要巧设问题情境,引导幼儿理解度量单位和测量方法的关系。例如,利用相同较短的积木作为度量单位去测较长的桌子,幼儿很容易发现同样的测量方法会得到不同的数据结果。教师运用这种方法,让幼儿表达自己的测量方法,并通过观看动画、尝试使用新的测量工具等方式,不断探索出正确的测量方法,完善自己的测量技能。在数学教育中,通过比较不同工具和不同操作法对同一事物的结果,让幼儿发现测量方法的变化会对数据结果产生影响,去探索数学规律,并加深对度量单位的理解。教师可以给幼儿提供一些更复杂的测量问题,并引导他们探索不同的解决方法,锻炼他们的思维能力和解决问题的能力。

这种教育方法,不仅能激发幼儿学习兴趣,也提高了他们的实际操作能力和探究能力,这对于发掘幼儿的潜力和提升综合能力都起到了非常重要的作用,正确使用这种方法也是体育游戏中开展数学活动时所应该掌握和使用的技巧和方法。

体育游戏是儿童学习数学的重要环节,其能在增加运动量的同时,激发幼儿多感官的参与。尤其是在计数初期,需要多说、多看、多体验,并按照幼儿学习的阶梯循序渐进,逐步推进。在学习数概念及运算时,可将体育游戏中的数应用于教学。例如,在计数活动中,可以计算各种动作的次数,如小兔子或小青蛙跳的次数,或通过唱数计算跳动的次数。同时,也可以个人计算自己跳动的次数,或集体唱数个体跳的次数。此外,还可以对拍球、踢毽子、拍手、跺脚等进行计数,也可以统计个人投篮、射门等进球的个数,或统计不同人进球的个数,并做统计表进行统计。这将有助于真正做到在学中用、在用中学。根据年龄段的特点和内容要求,科学开展适合的体育游戏。例如,对于小班幼儿,可要求其在点数中说出总数,或在按数取物时进行数量计算。提供大量丰富的小球或沙包,进行听数取物,结合游戏等方式,可让儿童兴致盎然。对于大班幼儿,可结合排队行动进行群数计数,逐层深入。此外,可以设定"跑到对岸数一数"的游戏,比赛谁先跑回来,以此培养儿童的运动能力和计数能力。感知觉在儿童计数中发挥着重要作用,特别是语言分析器、视觉分析器在唱数、点数和群数中的作用。在计数初期,儿童需要通过多感官分析器的参与,形成数概念。体育游戏蕴含着丰富的关于数的元素资源,应充分发挥幼儿形象思维,初步尝试归类、排序、判断、推理,逐步发展逻辑思维。儿童在感知觉的作用下形成数概念,在与周围客观事物的互动下发展数概念。在数学应用的时候,可通过各种游戏方式,如情境性游戏、操作性游戏、口头游戏、竞赛游戏等,调动幼儿身体多种感官参与,让体育游戏成为幼儿学习数学的有趣手段。

体育游戏是幼儿园开展数学教育的一种有趣的手段,但不能把体育游戏作为单一开展数学教育的方式。教师应有整体课程的理念,把体育游戏作为游戏的一种方式,结合生活中的数学、区域数学学习、集体教学等多种形式,多元化系统地开展,避免数学逻辑的混乱、知识的不衔接,造成"画蛇添足"的形式之象。

移植:创新之"策"

学前教育专业的男教师面临的专业困境更多是由性别困境引起的,而非学前教育专业的男教师还面临专业融入的困境,包括本专业融入困境和非本专业学习困境。所以非学前专业男教师必须发挥专业优势,把"职前专业"结合幼儿学习与发展的特点发挥到极致。但只有单一专业的融入远远不够,还必须实现自身专业发展的全面性,这也是非学前教育专业男教师必须面对的难题。建议采用专业发展"1+N"的思考,"1"代表"职前专业",比如体育、美术或音乐等,"N"代表学前教育专业,包含多个内容,比如五大领域。"1+N"模式中的"加"就是移植创新的意思,即在本专业融入幼儿园的基础上,与其他领域相融合,即"明一融二",不断推进、融入更多领域。

实际上,巧妙的融入和设计,不但不会削弱体育游戏的目标,还能充分利用体育游戏中的数学资源,真正提升数学的趣味性,实现"一个活动两个目标"的目的。但要注意的是,体育游戏中包含很多数学的元素,但要预防把体育游戏变成"户外的数学活动",让数学活动喧宾夺主。所以实施融合的前提必须是要遵循教育教学规律,在不破坏两者内部知识架构的基础上进行有机整合。通过"移植",我发现幼儿更喜欢在玩体育游戏中进行数学操作。

移植创新1:中班数学活动:认识粗细

在幼儿教育中,体育游戏是一种有效的教学方法。我通过体育游戏的形式,让幼儿感受到不同材料的粗细,并让他们进行分类和排序。在游戏中,我为幼儿提供了两种不同的材料,如滚筒和水管等。通过听指令玩游戏的方式,幼儿可以区分和感知粗细的不同特征。我还加入了第三个"不粗不细"的滚筒或水管,让幼儿判断老师的口令,从而学会相对性的概念。在粗细排序的游戏中,每个幼儿为自己提供一套同类等高的材料,并在往返跑中完成排序,比赛谁完成得最快。此外,我让幼儿根据同类材料不同粗细标志的头饰分组,跑过或跳过小河后组内完成排序站队。在互相比较中,幼儿可以探索哪种方法最快,并分享自己的方法。例如,先找出戴着最粗标志头饰的小朋友和最细标志头饰的小朋友,并让他们站在队伍的最前面和最后面。然后其他小朋友再相互比较,从而学会排序的方法。通过这些体育游戏,幼儿不仅可以感受和认知粗细的概念,还可以锻炼身体、探索比较和分享的能力,从而促进其综合素质的提高。

移植创新2:大班数学活动:好玩的测量

本次移植把室内自然测量搬到了户外,在自然测量时用身体的部位作为测量工具。可以用脚长测,迈步测,用手掌长度、宽度或虎口测,用手臂长度测,特别是前臂测,甚至躺下用自己的身高去测等。用脚测的时候,标准的测法是脚尖和脚跟对应,依次向前,走直线,一边走一边喊数字。利用比赛的方法,看谁测得快。每测完一下,比较大家的数据是不是相同,为什么相同或者为什么不同? 让不同数据的出来示范介绍自己的方法,幼儿通过对比观察找出问题所在,是测量方法的问题还是脚长的问题?在"比比谁测得快又准"的体育游戏中,既锻炼了快速走直线的技能和平衡能力,又学会了自然测量。也可以通过跨过"小河"计算步数,可以设置相同宽度的"小河"或使用同一条"小河",通过跨跳的步数估测"小河"的宽度。由于每个幼儿的步幅不一样,测出的结果也不一样,让幼儿观察判断为什么不一样,找出原因,懂得用不同的自然测量的"单位"命名"小河"的长度。

拓展:触类之"通"

我有幸参与本园"积木建构游戏促进幼儿创造性思维"的课题研究,通过参加一系列的研训和实践,对积木建构游戏和创造性思维的认识越来越清晰,让我越来越有成就感,在这个过程中,我时刻不忘记"把工作当事业去做",围绕课题存在的问题,触类旁通,带领老师们不断突破难题。

我带领老师们根据邦宝积木和乐高积木的区别,开展建构活动、听课评课、研训一体,积木建构的教育教学水平和建构知识有了一定的提高。我园有两间乐高室、两间邦宝综合室,每班每周至少进行两次建构活动。按照总课题的要求,做好日常活动设计、视频、建构作品图片等资料的梳理,按月提交,使得课题开展更加有框架和保障。我带领老师们从不同视角提升幼儿建构水平。在技能方面,运用互锁、叠高、延长、围闭、逐层拓展和逐层收缩(错位)等技能。在年龄特点方面,小班是拿一块积木去表征,比如当做汽车或敲敲打打,体验推倒重来的快感,搭建的目的性不强。中班幼儿建构的目的性加强,玩耍变少,在建构标称实物的形象上努力,克服困难专心专注,但建构技能和知识不足以影响他们,不会合理使用建构材料。大班相对中小班更加成熟,能合理利用建构材料,建构更加逼真的物体。在创造性和思维的灵活性方面,利用常规积木和特殊积木表征物体独特特征,比如羊的家族主题,用轮子(小齿轮、小滑轮)、管道门做动物的眼睛,用轴、手摇柄做动物头顶的角。在幼儿的独创性上,随着幼儿建构技能的熟练和建构知识的增强,幼儿表现出越来越多与众不同的新思路新想法,比如孔雀尾巴有的采用逐层拓展的方式建成中间镂空的样式,有的使用常规积木用互锁、叠高的方式搭建,有的用错位的形式搭建。在主题方面,小班以动物为主题,中班以交通、建筑为主题,大班以特殊工具为主题。

实际上,在课程实施方面,时间上每周两次,时间偏少而且每次时间不充分,内容上各班根据主题选择课程教材的内容进行建构活动,这种抽取式的形式使得原有课程的系统性被打破,必须在充分把握各年龄段技能的基础上进行有针对性的抽取和园本化,确保建构技能的连续性。在创造性思维方面,教师仅限于提示幼儿做出与众不同的作品,缺少多元的评价。

对此我有了新的想法:能否在体育活动中培养幼儿的创造性思维呢?在体育活动中是不是更好玩?有了该想法之后,我开始在体育活动中践行。创造思维是人类思维的高级水平,是创造活动中的一种思维。创造思维是发散式思维与聚合思维的统一,具有突发性,是一种连续的思维品质。在体育活动中我们应该怎样来提高幼儿的创造思维呢?在体育活动中,幼儿只有对所玩的游戏有充分的兴趣,才能使自己的思维活动处于积极、活跃的状态,思维才有创造性。下面以具体与体育结合开展拓展的做法,给大家参考。

第十四章 "践行"反思之道

附：幼儿体育活动中创造思维的培养

一、创设"心理的安全"和"心理的自由"的内环境

教师应充分考虑幼儿的需求和兴趣，借助生动、有趣的故事或提高幼儿兴趣的角色，快速消除幼儿的压力，帮助他们融入游戏。例如，用报纸做荷叶，让幼儿扮演小青蛙玩"青蛙过河"的游戏，这种耐人寻味及多变形态的游戏可以让幼儿轻松愉悦地进入感性的角色中进行游戏，并发挥创造性。教师需要从幼儿的视角出发，以童心思考问题。他们也应该积极参与游戏，与幼儿平等交往、沟通，共同学习。教师应坚持"情感公平"的理念。在体育比赛中，无论幼儿的运动能力强弱，他们均享有独一无二的成就感。例如，在赛跑比赛中，标记第一名幼儿到达终点时其他幼儿的位置，并以此为起点，进行逆向跑，以便每位幼儿都有机会获得第一。这种做法能够实现情感上的公平，有助于提高幼儿的自尊心与自信心。不同年龄幼儿的运动能力不同，同龄幼儿的能力也会有所不同，教师需要为幼儿提供安全、多层次、有挑战的体育设备，并充分满足每位幼儿运动的需求。例如，在小桥游戏中，可提供不同高度、宽度和坡度的小桥，以满足幼儿不同的需求，让每个幼儿都可以体验成功的感觉。这样，幼儿在使用适当的器材的同时，还可以根据个人的能力自主选择器材难度，创造出自己独特的游戏体验。

二、采用独特新颖的教学方法，培养幼儿的发散思维和聚合思维

在创造性思维活动中，发散思维扮演着重要的角色。这种思维方式具有灵活性、独创性和流畅性等特点。在体育教学中，教师应该学会从多个角度去激发幼儿的发散思维能力。首先，教师可以从感知事物入手，调动幼儿的多种感官系统，例如在玩篮球的时候，可以让幼儿闭上眼睛用手摸球的形状、硬度和花纹等，再让幼儿睁开眼睛观察球的形状和颜色等，在此基础上，培养幼儿的发散思维。其次，可以采用启发式教学的方法，从多个角度提出问题，要求幼儿在解决问题的过程中发挥创造力，提供独特的见解。最后，可以为幼儿提供丰富的辅助材料，满足幼儿多方面发展的需求。例如，通过提供游戏"呼啦圈的多种玩法"，教师可以让幼儿结合其他辅助材料，如球、绳子等，将发散思维与玩游戏结合起来，促进幼儿思维的创造力和灵活性。

聚合性思维也是幼儿体育教学中不可或缺的一部分。它是指在解决问

题过程中,对所提供的多种信息或条件进行整合,找到正确的答案或解决问题的最优方法。聚合思维与发散思维密不可分,是基于发散思维所产生的各种可能性而进行分析、综合、抽象和概括的过程。因此,教师在启发幼儿大胆发明创造的同时,也要引导幼儿寻找最佳答案和解决问题的最佳方法。例如,在"冲过敌人封锁线"的游戏中,教师可以引导幼儿探寻最佳的钻过敌人封锁线的办法。幼儿们将自己的想法与其他幼儿进行比较和分析,从而得出最佳的结论。此外,教师还应鼓励幼儿进行假设,并进行验证,最终在反思性的分享活动中探讨问题,丰富幼儿的经验,促进幼儿聚合性思维的发展。

三、从多角度出发,发展幼儿创造想像能力

在幼儿教育中,教师常采用猜测性提问的方法,以唤起幼儿的想象力和创造力。这种方法可以在情境导入或介绍角色时使用。教师先简要描述角色的外观,给幼儿留下想象和猜测的空间,再逐渐加深描述,让幼儿在获取更多信息的基础上,猜测和想象角色的名称。虽然这种提问方式只占课堂时间的一小部分,却具有极高的趣味性和教育价值。幼儿可以通过积极思考和探究,锻炼自己的思维能力和创造力。幼儿的运动表象是指在运动感知的基础上形成的动作形象和运动体验,在幼儿运动技能的发展中具有重要作用。教师在幼儿体育活动中可以采用多媒体教学和动作示范的方式,帮助幼儿增加视觉表象的储备。例如,在教授某种运动技能时,教师可以使用挂图、视频或动画进行示范,引导幼儿认真观察和模仿,这样有助于幼儿逐步积累视觉表象。同时,动觉表象也是幼儿运动表象的重要组成部分。在体育活动中,教师可以根据幼儿年龄特点,将走、跑、跳、投、攀登、平衡等动作技能融入故事或扮演角色中,通过语言描述引导幼儿进行想象。例如,在小动物模仿游戏中,教师可以让幼儿闭上眼睛,通过描述的方式引导幼儿想象自己变成小鸟或小白兔,在游戏中积极参与运动活动,锻炼动觉表象。此外,在体育活动结束后,教师也可以启发幼儿通过"过电影"回忆法来巩固动觉表象的发展,促进幼儿在运动技能方面的全面发展。

四、正确评价有创造力的幼儿,激发幼儿的创造思维

幼儿作为思维活跃、好奇心强的群体,展现出了教师意料之外的创造性和创新性思维。在幼儿参与的体育活动中,教师应以儿童视角和全面发展

的眼光看待幼儿的想法和行为,及时表扬鼓励他们的创造性思维,并从不同角度启发幼儿的思维,激发他们大胆验证和探究问题的欲望。此外,鼓励幼儿勇敢表达自己的想法,打破单纯相互模仿的学习模式,引导幼儿以自我主导的方式参与和探究体育活动。在评价幼儿创造行为时,教师应采用恰当的方式,避免让幼儿感到自己能力不足或产生沮丧情绪,而应启发幼儿充分发挥自己的能力和潜力,并激发其继续探索和创新的欲望。对具有创造性的幼儿,应及时表扬和引导,培养其活跃、独立、自由和创造的个性,为其创造思维的发展提供全方位的支持和帮助。

幼儿园教师作为儿童教育的推动者,需要不断探索并拥有先进的教学理念,以创造一个安全自由的教学环境来促进孩子个人与群体的全面发展。同时应该从多角度、多方面入手,通过激发幼儿的创造性思维等途径,为他们的思维能力、认知能力、语言能力等各个方面的培养打下坚实的基础。

第十五章

"践行"研究之道

课题：无利之"为"

课题研究已成为促进幼儿园提升保教质量和教师专业发展的重要载体。在职称评审、岗位竞聘、个人提升等方面，课题永远是一项重要的考核评价标准，但评价标准最低都是区县级课题起步，园级课题陷入尴尬的境地。对于课题的研究人员的选择，一般都是行政人员和实验班的老师组成，非班上人员或专科教师参与的机会不多，特别是刚入职的新手教师。园级课题虽然没有高级别，不属于考核指标，但对于新手教师的成长却起着巨大的作用，蕴含着巨大的能量。特别是对于男教师来说，园级课题有可能成为教科研起飞的起点。

记得园长让我主持园级课题《如何做好幼儿园"三浴"锻炼》时，我并没有非常兴奋，因为园级课题不属于任何荣誉，现在想想，当时自己还挺功利的。但正是因为主持这次园级课题，我在教科研工作上突飞猛进，突破了自我的弱势评价，在教科研的路上越走越有信心。

困难面前显坚韧。在园本课题的开展过程中，碰到很多意想不到的难题。第一，缺少科学的锻炼方法，锻炼目标缺乏层次性，锻炼内容不够系统，且锻炼方法单一，不能够循序渐进，锻炼效果无法得到科学的评估。第二，在锻炼的常规性方面，由于受天气、场地等因素的制约缺少应对措施，缺少监督制度和激励机制。第三，幼儿园中的卫生保健与保育工作面临着很多挑战,缺少相关的卫生保健知识及保育知识,缺乏保健医生的监督指导等。第四,幼儿园中的教师理论水平及实践经验缺乏,硬件设施不够充分,活动开展较为烦琐,缺失相应的激励措施,导致一些教师仅做表面工夫。第五,幼儿园与家长之间缺乏必要的沟通,家长对"三浴"锻炼的认识不足,对卫生保健措施存在担忧和疑虑,而对运动开展的科学性也缺乏信任,缺少家园联系及交流。为了解决这些问题,需要采取一系列有效的措施,以促进锻炼的科学性、常规性与安全性,建立有利于幼儿园教师与家长共同参与、积极发挥作用的良好氛围。遇到问题时我出现过退缩,但作为一名男教师,骨子里的那份韧性、勇毅、不怕输的斗志,告诉我要咬紧牙关。我开始寻求园长的支持和专家的帮助,同时发挥课题组成员的力量,针对以上问题开始"啃骨头",并寻找突破口。

回到原点突破问题。既然是园本课题,肯定要立足本园,立足幼儿,明确这一点后,我不再盲目跟风,而是立足本园、分析实际,实施园本化的"三浴"锻炼。如果缺乏相应的硬件条件,我们应充分挖掘幼儿园现有的资源条件,并将其与锻炼内容加以整合,开发出适合本园的锻炼课程。在锻炼过程中,我们坚持定期进行空气浴、阳光浴、水浴,以确保幼儿获得最佳的身体锻炼体验。对于已有的理论经验和实践经验,我们将结合园本实际进行整合利用,以确保课题的科学开展。首先,我们必须充分了解幼儿阶段的生理特点。在3~6岁阶段,幼儿身体各器官的功能尚未发育成熟,且生长发育非常迅速。此时,幼儿的神经兴奋和抑制发展不平衡,体温调节中枢发育不完善,心率和呼吸频率较快,心肺系统调节功能较差。因此,在进行"三浴"锻炼时,我们必须考虑到不同幼儿的个人体质、循序渐进、适量适度。其次,我们必须以"三浴"锻炼目的为宗旨。"三浴"锻炼的目的是增强幼儿体质,提高幼儿对外界环境的适应能力。在此过程中,我们必须认识到,错误的锻炼非但达不到预期效果,反而可能会对幼儿身心造成伤害。因此,我们坚决反对为了形式而进行所谓的"锻炼",决不能拿幼儿做实验。作为行动准则,我们必须始终以幼儿的发展为出发点,确保"三浴"锻炼的有效性和安全性。

用专业解决专业问题。"三浴"锻炼作为体育锻炼的一种,必须遵守锻炼的原则,即循序渐进和持之以恒的原则。我园现正采用"三浴"锻炼法,其核心理念在于尊重幼儿身心发展规律,采用循序渐进原则,逐步提高锻炼难度,逐步实现锻炼目标。在实际操作中,我们需要从温度、时间和次数三个方面入手,逐步提升难度,并与幼儿的发展水平相结合,确保每位幼儿的个体差异性被充分尊重。同时,持之以恒原则也是"三浴"锻炼法的重要宗旨。我们需要制订一套完整、科学的实施方案,包括具体的实施目标、科学的教学内容和方法、系统的课程安排、完善的监督体系以及充足的经费保障。这样有助于确保活动的制度化、常规化,避免盲目性和随意性。值得一提的是,园方还设计了班级指引手册,从具体的活动基本流程、保育指南以及注意事项等方面,为班级提供了有力的参考和支持。整个"三浴"锻炼法实践过程中,我们将立足于实际情况,根据幼儿的身心发展状况和实际情况,不断完善和挖掘班级的运动潜力,促进幼儿身心的全面协调发展。

用保育保健做后盾。"三浴"锻炼不是简单的上上体育活动那么简单,是一件系统的"工程",特别是需要保育、保健部门的人员一起参与,才能切实确保该"工程"的顺利开展。这需要对保育员、保健员进行培训,明确具体的任务,这又需要幼儿园整体统筹。实际上,保育工作中的"三浴"锻炼是保障儿童身体健康的重要一环。其包含以下关键内容:在幼儿参加活动之前应进行一次擦汗,以防幼儿出汗过多。在活动中,应及时提醒幼儿擦汗,并在活动结束后擦干净身体并重新穿戴衣物。此外,幼儿在沐足后需将脚面、脚背、脚趾间擦干净,并将干净的和用过的毛巾分开存放。在炎热天气中,如出现满头大汗的情况,需提醒幼儿解开衣服扣子进行散热。在寒冷季节中,需提醒幼儿穿回衣服以防感冒。活动前,应检查场地是否存在安全隐患,如有必要应及时进行处理。特殊幼儿需特别关注,活动结束后需清理场地,并归置器械。同时,"三浴"锻炼在保健工作中也扮演着重要的角色。由于"三浴"锻炼所使用的物品大多直接接触幼儿身体,必须严格消毒,以防止交叉感染。所有物品,如毛巾、拖鞋、沐足器、沐足池和泳池等,都必须进行专人管理和消毒流程,确保卫生保健工作严格落实到位。保健医生应参与"三浴"锻炼的开展,制订卫生保健计划和目标,并监控"三浴"锻炼中的问题,如抽查幼儿心率脉搏情况,并根据相应数据,提出科学的指导建议,为"三浴"锻炼提供指引。学期末应对幼儿体格进行测查,通过数据分析,如身高、体重、血色素以及出勤率、发病率等,给"三浴"锻炼提供科学依据。

园长亲身参与。正是有了园长的亲身参与,我们迅速建立"三浴"锻炼制度。一是,激励制度。激励是促进人的主观能动性的外在动力,在课题实施过程中应给予老师以精神激励。课题负责人通过组织活动设计评比、教学活动竞赛,评出最佳班级、最佳指导老师,调动老师们参与的主动性,让老师在参与中真正体验到成功的乐趣。对于能坚持开展"三浴"锻炼、科学开展"三浴"锻炼的老师,颁发荣誉证书,作为学期末老师加分和评优的依据。二是,监督制度;①园长检查制。不定期观摩常态课,检查老师是否按照课题的要求有序开展,是否按照锻炼手册指引有效开展,是否按照常规要求做好锻炼记录,并在检查过程中适时给予指导和督促。②效果评价制。学期末对每个班级幼儿的发病率、出勤率等评价指标进行评比,以激励教师对"三浴"锻炼科学开展的重视,以确保锻炼的实效性。除此之外,园长还担任家长的"宣讲员",通过家长会、家长讲座等形式以及家园联系手册、短信、网站等沟通手段,向家长多宣传"三浴"锻炼的科学知识,提高家长对"三浴"锻炼的正确认识,逐渐消除家长的顾虑。经常向家长汇报展示"三浴"锻炼的成果,如请家长到幼儿园观摩活动,汇报幼儿的身心发展状况,让家长切身体验到"三浴"锻炼的好处。

一路走来,整个园本课题开展顺利,在其中我收获的不仅仅是专业上的成长,还有园长的大力支持和各部门的通力合作。现在回想起课题开展的整个过程,我仍然心潮澎湃,是感动、激动,更是感恩,感恩遇到一群可爱的人、一辈子值得回忆的人,作为一名男教师我感受到家的温暖。课题虽小,"五脏"俱全,全力以赴,未来可期。

问题:研究之"目"

经过二十年的成长,我逐渐适应、成长、发展和成熟,近几年也连续参加了广东省外语艺术职业学院的骨干教师班、名师班,印象最深的就是广东省外语艺术职业学院曾用强校长提出的"HAPPY520教师发展标准体系",让我重新认识了教师专业发展的真正面貌。

曾校长提出,520是指:①教师发展5个阶段,即预备期(见习教师)、适应期(新教师)、成长期(经验教师)、发展期(骨干教师)、成熟期(名教师);②教师发展2个核心,即师德为先、师能为本;③0指的是教师发展无终点。HAPPY指的是师德的5个方面作为共性的目标。5个阶段分别对应感知、实践、感悟、分析和创新的5个个性目标。曾用强校长所创造的标准体系,对幼儿园男教师的发展非常有参考价值。特别是共性目标和个性目标对应各项发展标准,形成一整套标准体系,对指导男教师的专业有非常重要的参考价值。曾校长提出教师发展的两个核心,正是《幼儿园教师专业标准》里的"师德为先,能力为重"。抓住这两个核心,分阶分层按标准去实现教师的专业发展。

  对应"成熟期(名教师)"阶段的个性目标为"创新",那么就要思考在职业素养、专业技能等标准方面该如何创新?对此,我开始思考,并把创新作为下一步发展的核心目标。前几年特别流行"教育戏剧"作为教育手段,好多幼儿园开始尝试和试点。经历过教育戏剧和语言领域前期融合的经验,我开始尝试"创新",把教育戏剧融入数学之中,企图用教育戏剧的手段解决数学的问题。我开始成立课题组、申报课题,开始了一系列的培训、教研和实践。随着课题的推进,越来越多的困难呈现在面前:教师对教育戏剧认识不深、教育戏剧与数学难以融合、活动效果不明显等。我开始思考:为什么要采取教育戏剧的手段?是基于现实中存在的什么问题?教育戏剧和情境教学有何不同?情境教学是否更适合?我开始搜集情境教学的相关资料,查看了李吉林老师编写的情境教学的相关书籍,发现情境教学本来就是幼儿园教育教学的一种非常有效的手段。"为什么我们还要创造花样采取教育戏剧的手段呢?难道这就是创新吗?"我内心再一次地追问。我必须马上"回心转意",回归教师已经熟悉的情境教学,刹住自己这场不理智的"创新"之举。作为一名负责教育教学的男园长,我必须有"刀刃向内"的决心,不怕"被笑话",不怕研究的失败,直面现实的问题,勇于改正自身的错误。

  那么基于本园数学教育存在的问题又是什么呢?我开始理性分析:问题应该是自下而上的,而不是自上而下的盲目"创新"。问题不是想出来的,是在实践中做出来的,不是来自园长而是来自教师,研究本来就是解决实践中的实际问题。我园从20世纪70年代就开展数学教育的研究,但对于数学特色的传承和发展,我园教师队伍出现新老断层的现象,造成"青黄不接"的局面。如何提升幼儿园新教师数学知识和教学技能的提升,成为我园面对的一大难题。新教师在选择领域的时候,大多避开数学这个难题,对新教师的专业成长不利。我通过问卷调查、访谈等研究方法,统计分析现有新教师面临的现状。经过分析发现,新教师的数学领域教学知识呈现出以下问题:初步了解教学内容知识,但幼儿数学学习知识和数学教学策略知识较弱;数学知识掌握零散、笼统,缺少实践机会;数学教学活动把控较难,易产生畏难、迷茫心理;新手教师参与教研的积极性较高,反思能力强;教研内容以教学领域划分,教研形式单一。在幼儿园新教师存在的现实问题和前期文献综述的基础上,我开始成立课题小组、学习共同体、构筑师徒结对模式,同时制定新教师成长任务单,搭建园内园际观摩平台,引进专家指导,同时培训内容聚焦教师个体,形成个性化的任务清单,不断激励教师的内在动机。通过一年多的研究,新教师逐步成长、不断成熟,这才是有价值的研究、有意义的创新,更加夯实了我基于问题而创新的前进动力。

我园基于数学六大模块(数概念、几何形体、分类与统计、集合与模式、空间与时间、量的比较和自然测量)设定目标、制作数学教学学具,以同级混班的方式开展,不同班设置不同模块,实现材料共享、空间共享,每周固定时间进行游戏,幼儿在操作学具的过程中学到数学知识。实践下来我发现完全靠区域活动达到教学的目标是很有限的,不系统的。教师在指导个别幼儿时不能照顾到每个孩子,没法确保幼儿是否掌握,幼儿对学具不会操作只能等着老师来教。如何解决区域活动或游戏中幼儿碰到的难题?我带领老师们一起想办法,把学具的使用方法、学具难度层次进行了设计。这样教师可以个别指导,更能把握幼儿的掌握层次。

作为一名教学园长,我自知肩上责任重大,容不得一丝一毫的失误,因为这一切都关系到幼儿园的高质量发展,关系到每一名教师的成长,关系到每一名儿童的健康成长。"做对的事,把对的事做好",基于实践、基于问题再出发,我相信创新才有真正的意义。

园长:幼需之"靶"

《关于全面加强新时代大中小学劳动教育的意见》提出,劳动教育是中国特色社会主义教育制度的重要内容。要全面贯彻党的教育方针,坚持立德树人,把劳动教育纳入人才培养全过程。创新体制机制,注重教育实效,实现知行合一,促进学生形成正确的世界观、人生观、价值观。

劳动教育势在必行,那么作为幼儿园如何开展劳动教育呢?劳动教育有哪些内容?经过前期调研,结合园本实际发现,我园劳动教育主要体现在日常生活的自我服务、关心他人、关心集体的生活活动中,大多以班上值日生的形式开展,整体幼儿的兴趣度不高。如何提升幼儿的劳动兴趣、如何提升幼儿参与劳动的积极性成为我园要解决的实际问题。好奇心是孩子的天性,孩子天生充满着对大自然的热爱。抓住幼儿的兴趣"开发农场",成为我园教师一直的想法。但老城区的幼儿园地方小、阳光不充足等各种因素,给我园"开发小农场"的想法带来了挑战。

寻求资源支持。我向幼儿园的行政班子提出了这个想法,也得到了大家的支持和认可,但现实的困难摆在这里,如何才能破局?"用种植园地带动幼儿劳动的兴趣",这是一对"幼儿需要"和"现实条件"的矛盾。"孩子的需要就是最大的需要!"我们行政班子开始调研幼儿园的场地分布,寻找国内外的各类教育资源。最终,我们在一所小学发现"天空农场"的做法。经过两校园之间的沟通交流,找出了符合我园实际的场地,借鉴小学的经验做法,成功建成"天空农场",赢得老师和孩子们的一片呼声。

扎根实际,深研深学。幼儿园因地制宜、因陋就简,充分利用适合种植的天台或角落,不断扩大种植面积。根据空间大小选择种植的范围和器皿,根据自然条件选取适宜植物。随着实践研究的深入,我们发现,教师们多偏重于幼儿科学探究和劳动技能的提升,对劳动教育内在价值的认识有偏差,对劳动素养的认识不全面。我开始探索"研训一体化"的模式,针对该问题展开研训活动。我带领老师们研读2020年教育部印发的《大中小学劳动教育指导纲要(试行)》,文件指出,准确把握社会主义建设者和接班人的劳动精神面貌、劳动价值取向和劳动技能水平的培养要求,全面提高学生要求,全面提高学生劳动素养,使学生树立正确的劳动观念、具有必备的劳动能力、培育积极的劳动精神,养成良好的劳动习惯和品质。我们找出劳动素养的一个整体画像,对幼儿园开展劳动教育的系统性给出了明确的指向。我们把种植园地活动作为开展劳动教育的一个重要载体和抓手,以全面培养幼儿的劳动素养为总目标,以劳动素养结构体系为目标导向,把幼儿放在活动的中心位置,以构建园本化的种植劳动课程。品德启蒙需要在实践中不断沉淀、不断内生外化,所以我们必须在全面把握劳动素养的基础上,做到融体、融智、融德、融美,促进幼儿全面、均衡、可持续发展,同时也要注重种植活动劳动价值的多元性和特殊性,真正发挥种植课程资源的内在价值。

幼儿需要就是园长的动力,"一切为了孩子"虽然只有简单的六个字,但只有心中真正装着这六个字的园长,才会把幼儿的需要放在工作的首位,才会为之付出不懈努力。

附:我园种植劳动开展情况

重"内化外生" 合"内心需要"
——云台里幼儿园种植劳动实践经验

通过种植园地活动把劳动教育变成幼儿的内在需要,再由内在需要内生劳动的意识和劳动的观念,培养劳动的能力,形成良好的劳动品质,最后外化为日常的行为,从而促进幼儿自觉地自我建构或内在生成个人的劳动素养,构建真正的劳动品德。让种植园地活动成为幼儿在内在需要的前提就是要做"走心"的劳动教育,就是把"心育"和劳动教育相融合,就是让幼儿在亲近自然中触动心灵、在产生共情中感悟明理。通过"走心"的劳动教育引导劳动素养的"内生外化",表现出从内而外的、自觉的劳动行为。下面结合教师的活动日记尝试从"知""情""意""行"的实践途径入手,探索"心育"与劳动教育的融合的实施策略,以提升幼儿劳动素养。

一、因果明"知",触动心灵

联接幼儿与植物生长的因果关系,以此触动幼儿的心灵。明"知"实际就是通过认知植物的生长变化与劳动之间的联系,初步建立劳动观念,通过感知觉、意识、注意、记忆,增强幼儿的劳动意识,学习相关的劳动知识经验,

蜕变的力量：给男幼师的成长建议

注意劳动安全，增加幼儿的劳动情感，萌发热爱劳动的情感，增强幼儿的劳动态度，积极参与力所能及的劳动。植物生长随季节更迭，这种精彩的变化为幼儿的劳动需要提供了可能，折射出生命与生命的紧密关系，体现出幼儿劳动的价值，简单而直接，幼儿在感受、感知和牵挂中养成良好的劳动习惯。幼儿园的种植园地为幼儿提供了这种可能，提供了幼儿观察、体验生命周期的机会，在劳动中体验这种神奇的变化。观察植物从种子到开花、结果的变化。每一颗植物用幼儿的名字都赋予新的定语，与幼儿建立新的归属关系，幼儿的劳动水平、劳动能力、劳动习惯和品质都直接影响着植物的成长，科学的、适宜的照料将带给幼儿新奇的惊喜，相反会带来植物的枯萎或凋零，这种由幼儿本身带来的因果关系是最有冲击力的。由种植的体验到"包干"的责任，到成为与自己生活不可分割的一部分。

案例1："你来做爸爸，我来做妈妈"。随着深秋气息渐浓，花过香休却枝头渐沉，一个个青色的可爱的小球球蹦跶在枝头间，小小的番茄青果终于在万众期待之中隆重登场，收获一众小主们的欢呼与呵护，慈爱之情表露无疑，让人不禁怀疑看到的是他们爹妈的移动复刻版。所有的小小青果，几乎都被冠上了快要泛滥的小名"我的番茄"，而它们也都有更为响亮的属于它们自己一株一群的独有名字"彤彤的番茄""佩佩的番茄"……相对于番茄几乎都是姑娘们的专属，辣椒宝宝们不甘示弱，小"爸爸"们虽然不及小"妈妈"们细致，但是"我的辣椒"同样喊得霸气坚定，哪家的辣椒有几根，哪家的辣椒更强壮，让这几个小男生日日铆着劲暗自炫耀着、较量着、骄傲着、追赶着。相较于辣椒宝宝默默伸展枝丫地静静成长，番茄宝宝高挂枝头的招展实在更显风发意气。重力吸引下的青果沉甸甸地在微风中摇曳，舒展着的枝丫更在我们不经意之间散发出点点气息，从浅浅的不易察觉，逐渐变得无法忽视的冲击着鼻腔。尽管如此，宝贝依旧被宝贝着，只要是它们身上的一切，小"妈妈"小"爸爸"们都会自动划分为优点，即使前一秒还在捂着鼻子问我是什么味道这么奇怪，当知道真相的那一刻，那丰富的表情与肢体语言，精彩得让人无法忽视，就像哈哈刚刚的样子。才嫌弃着嘟嗅着周围的味道好奇怪,旁边思思不客气的一句"老师说这是番茄枝叶散发出来的气味",成功让哈哈像中了定身咒一般从头到脚直接呆滞,继而喔出圆圆的嘴,满脸惊疑地转身靠近自己的番茄,又深情款款地深吸了一口气"是挺香的!"

从以上案例我们看到,劳动的意识和习惯,因种植而来,因与植物相互建立关系而生。在日常已成习惯的种植劳动过程中,孩子们身体力行,践行每一个观察到的或是想要体验的行动,在不断的实践中收获着一点一滴的劳动知识,形成日渐丰富的劳动经验。随着孩子们能力在实践中提升,劳动的情感与态度也在不断因个人与同伴合作体验中的经历等因素而得到更大的升华。

对于我们小小的农场,每个班的孩子都有自己一方天地,对于植物的照料,在最开始的时候老师们就有跟孩子做过比较详细的讨论。在大班刚开始的时候,孩子们的眼里,农场的一切都是生命,都是有趣和神奇的,他们好奇,也有自己想要尝试更多的感觉。在规划农场活动的阶段,老师们结合了所咨询的部分家长的建议,跟孩子们共同列出了几个问题:农场的植物要怎么去照顾?是小组形式、个人形式照顾还是值日生形式?是植物一一对应还是全班负责?这些问题的答案各有支持者,正因为这样,老师们也更尊重孩子的参与和体验,带领孩子们短时间分阶段尝试,然后定期进行讨论,调整合适更多孩子的方式。最后,终于在孩子们自己的体验后决定了他们自己的农场种植劳动基本规划:农场是大家的,管理和保护是所有人都需要的,而植物责任到人,照顾自己负责的植物是从始至终应该做到的。正因如此,孩子们对于种植有了更多的新的体验,每一株植物都因为不同的小主人、"小园丁"有了各种各样的名字,每一个种植箱也有了风格各异的特殊标志。植物的生长不再是眼中看到的变化,它需要经过自己烈日下为植物隔三差五地培土翻松,防止泥土板结;它需要经过双手每日去触摸感受泥土的湿度,适量给自己的宝贝补充水分;它需要定期细心地围绕植物根茎轻轻浇灌营养液,同时避免溅洒在花叶之上。植物的生长变化,伴随的是孩子们的上蹿下跳。每次照顾植物,一个个孩子总是或蹲或趴,他们忙碌着去观察植物的变化,去发现和及时拔除多余的杂草。曾经害怕泥土脏黏感觉的孩子们，在镊子难以应付细小顽固的野草时会直接撂镊子撸袖子，捏着小指头跟杂草"决斗"。曾经四体不勤、五谷不分的孩子，现在可能分清什么是"杂草"——简单，一切跟自己箱子里面的植物不是同一类的多余的绿植，全部都是杂草，因为它们不能影响到宝贝植物的生长。不过日常照顾植物的过程，也让孩子们认识到对每一株植物的生命的尊重，杂草只要不是影响到自己的宝贝，那就不再是"杂草"了，拔了之后生长不错的可以用小盆种起来，或者带回家的小阳台种下也是一种不错的选择。而为了让小植物有更好的生长环境，孩子们更是把爱延伸到农场的每一寸空间，地板上的稀碎泥土和垃圾每次都要清扫干净，种植箱的周边也要用小扫子扫除缝隙残留，箱子需要用心擦拭保持整洁，浇灌、翻土等日常常用的工具更是用后清洗晾晒，不留残余物。而这些劳动需要的各种工具，是孩子们一点一点想出来，跟老师商量能不能做这样的事情，请老师准备工具材料，在班里大家一起商议工具可使用的方式、存放的方法等。

二、反思生"情"，唤醒心灵

实践反思一体化，以此唤醒幼儿的心灵。通过反思培养幼儿的奋斗精神，具有探究精神，而幼儿的探究往往是基于问题、主动发起的。在活动中，我们幼儿园采取"实践+反思"的"1+1"模式，即一次实践肯定会对应一次即时的分享和反思，这种模式成为幼儿园践行劳动课程的重要手段，在无数个"1+1"之后，我相信将是幼儿劳动素养质的提升和飞跃。《评估指南》注重自评所产生的自我效能，让评价真正增值、有效、有意义。在种植劳动课程实施的过程中，我们注重过程性的反思和自我评价，在每次活动结束后的反思和评价，以及每周、每月、每学期、每年以及三年的反思和评价，形成课程评价的常规化的流程，确保课程实施的落地。实际上，情感的体验往往是那一刻的，一个瞬间，所以除了常规的课程评价，还要及时、快速地抓住教育的契机，在感受、感动或共情的时刻开展反思感悟，可以起到事半功倍的效果。

案例2："反思中的收获"。一个烂了的番茄能引发幼儿心理的急剧变化，在伤心、不解中探究番茄变烂的原因：原来在剪枝的时候不小心碰到了番茄，找到原因以后剪枝更加小心。有的小伙伴没有回园，其他幼儿主动为同伴照顾植物，与同伴比赛谁的植物长得高、果实长得大,为有问题的植物一起寻找原因,对种植中发现的惊奇的变化相互分享,比如分享植物的抽枝发芽、开花结果,探究植物叶子为什么有黑斑小点,猜测叶子上的小昆虫的名称。通过反思培养幼儿的奉献精神和服务意识。在整理工具、打扫卫生、固定攀枝中体验为集体服务的自我认同和自豪感,积极做好值日生的责任和任务。在种植劳动中享受收获的喜悦。通过反思培养幼儿的勤俭精神,懂得珍惜劳动成果。在种植中幼儿闻着南瓜花的芬芳、番茄气味的"生涩",手触摸着黄瓜的毛刺、卷心菜的大叶,看着满眼的茄子、辣椒和葫芦,那是一种劳动后的享受、收获的成就感。在反思中,幼儿体会到劳动的艰辛,懂得粮食、蔬菜等食物是通过劳动换来的,与日常吃饭不掉米粒、节约粮食联系在一起,比简单的说教更有意义。

以上案例我们看到,反思与评价,是幼儿参与活动得以升华其收获的重要途径。在种植劳动的过程中,每一个班的孩子都是亲身动手去体验,全身心投入其中,有行则必有所触,因而有感,帮助孩子们更好去回顾劳动的经历,寻找其中的意义,是非常必要的。特别是刚进入小班的孩子,在种植过程中基础弱,有一种懵懂的好奇,中班哥哥姐姐来帮忙,带着弟弟妹妹手把手轻轻去感受泥土的形状、温度、触感,带着弟弟妹妹轻轻拨开泥层,呵护幼苗培育植土,之后还一起跟弟弟妹妹与老师聊天说着自己今天摸到泥土的感觉怎么样,感觉浇的水够不够,小苗是粗壮还是细弱,有没有地方很容易折断。这些通过双手劳作抚触得到的信息与感受,本身就是中班孩子们在自己日常劳动的经验基础上形成的表达。而跟着哥哥姐姐步伐慢慢感受种植与劳作的弟弟妹妹们,也渐渐学会了动手"干活"的意义。至于上面是有毛毛的,会有尘,可以用小软刷轻轻刷掉,当他们发现刷不到的时候,就会问老师为什么?是不是给虫子咬了?可不可以剪掉叶子?可以怎么做?而这些劳动过程中的问题与经历,也让小班的宝贝们产生了更多的问号。而对于中大班孩子,反思与评价,就更加精彩纷呈。在大班下学期,孩子们已经形成小组分工合作的种植劳动模式,在完成一次日常劳作之后,孩子们针对自己小组当天的分工计划进行简单的介绍,并且在之后每个成员均各抒己见，把自己认为是否已经完成了这一次的种植养护劳作计划的想法说出来，有人因为最终没有在可以使用的时间内完成原来构想而认为自己小组任务没有完成，有人因为在劳动过程中基本做到分工时各自的任务而觉得目标达成，有人因为劳动过程中发现了部分工具的新的使用方式而觉得有所得益。结果没有对错，对自己的实践与劳动过程能够回顾、思考，能够更加有效地发现更多劳动经验与知识，提升个体以及同伴的劳动技能、意识，相互交流，相互有所促进，这就是最美好的劳动经历，是最有生命力的种植活动。

三、实践坚"意"，感化心灵

提供多元的实践体验机会，以此感化幼儿的心灵。通过对浇水的量和次数的控制，对施肥多少的把握，对翻土拔草"脏"的心理克服和重新认知，对定时照料的坚持和牵挂，培养幼儿对日常规则的劳动诚信和劳动责任。比如，浇水不要浇到叶子上，要用水壶对准土壤。小班主要在老师带领下进行。浇水也要注意季节和天气变化，浇水的次数和量也要控制。种植园地活动虽注重幼儿的探究，但在种植作物方面还是建议种植"有种有收"的植物，因为幼儿收获的成就感更有利于促进其劳动意识的确立。我们在实践过程中发现，体验劳动成果的价值要学会多元体验，才会有多样收获。

案例3："我们的收获"。学期末，幼儿会把植物整棵移植到家里，有的用环保塑料袋，有的拿来脸盆，有的拿来小桶。大班的哥哥姐姐们舍不得丢弃长得好好的番茄，特意跟老师商量，一起想办法慢慢地把番茄植株从棚架上取下，再用厚纸皮一段一段裹起来封紧，整一株地包裹好，放学后紧紧抱着心爱的番茄，完全不管立起来的植株早就超过自己身高，那种场面成为幼儿最开心的时刻，家长最震撼的时刻，成为幼儿园一道靓丽的风景线。不少孩子一早跟家里人商量好，也得到家人的大力支持，移植回家的植物都能第一时间得到妥善的安排，即便是仅剩主枝的看似无救的植株，只要孩子们愿意为之再试一下努力照顾，家长们也愿意让孩子去尝试。甚至有的家长特别把小花园开辟一小块空间，特意留给孩子把自己辛苦照顾了半年终见成果的京冠红换个"新房子"继续生长。幼儿对劳动成果倍感珍惜，一片蔬菜的叶子掉了都要带回家，让妈妈煮在早餐的粥里。一个孩子的妈妈担心植物见不到阳光,悄悄把植物放到阳台,晚上忘记拿进屋里被老鼠咬了,孩子那份委屈的不舍,家长都看在眼里、记在心里,因为那是孩子一学期的收获,不单单是果实的收获。

从以上案例我们看到,通过实践形成幼儿良好的劳动习惯和品质,珍惜劳动成果,有自我服务的主动性。实际上从重视自己的劳动成果到珍惜他人的劳动成果也是需要个过程的,因为自己的劳动成果是幼儿亲身体验、耐心照料换来的回报,而对他人的劳动成果情感没有那么强烈,通过换位思考,懂得别人的成果和自己一样也是通过别人的努力和劳动得来的,也是无比珍贵的,幼儿因为有了自身体验照料的劳动过程和收获的经验,幼儿更容易理解珍惜他人的劳动成果重要性。比如:我们开展的"农场义卖"活动。

案例4:"义卖"是体现幼儿劳动成果价值的重要形式。幼儿把自己种植的果实打包好,贴上价格标签,通过"农场义卖"主题活动,让幼儿感受自己劳动成果的价值,换回的钱可以去帮助更多需要帮助的人,体现了劳动的奉献精神。劳动教育在种植园地活动中变得不是那么生硬,而是有温度、有情怀、有力量。母亲节即将到来时,孩子们用自己辛勤种植照料的各种成果,跟中班的小朋友以物易物进行成果交换,换取中班孩子种植的薄荷,利用新鲜的薄荷叶子进行揉搓风干,并用此作为原料,制作出一个个精美的手工薄荷香包,送给妈妈做礼物。而中班的小朋友,则用自己种植的薄荷交换了其他级小朋友的各种蔬菜瓜果,用易物得来的劳动成果,送给妈妈做礼物。多么有意义的一份礼物,包含了对妈妈的爱,用双手努力所得,用自己的劳动成果,成就一份足以让妈妈自豪的礼物。妈妈们在这一份简朴纯真的礼物面前破防,做工说不上精美的香包,挂在了多少妈妈的背包上,多少美味又饱含孩子们汗水与爱的蔬菜瓜果,隆重出现在家人们的朋友圈画面上。重阳节上,幼儿把自己种植的收获送给祖辈,讲自己养育的故事,物虽小但真的是幼儿自己劳动得来的成果,无比珍贵,放学时祖辈们都掩饰不住内心的那份惊喜和感激,惊喜的是孩子那份特殊的礼物,感激幼儿园品德启蒙的有效。

四、内生笃"行",引导心灵

发挥行为的相互影响力,以此引导幼儿的心灵。笃行就是在活动中"内生外化"、形成良好的劳动行为。在种植劳动中,掌握适当的方法,使用简单的劳动工具,与他人合作劳动,能够大胆创造,这些都是"知""情""意"后的结果。品德启蒙的核心在于"动之以情,外化于行",幼儿良好行为的确立并能持之以恒的坚持下去,内化为幼儿自身良好的劳动品质,也是我们"走心"策略的核心靶向。比如:劳动创新是劳动素养的一项重要内容,但一提到劳动创新,第一印象就是幼儿园怎么会有劳动创新,孩子还那么小,实际上幼儿恰恰是最单纯的,天生就具有创新的本领。自从开展种植园地活动,幼儿脑子里无时无刻都想着这件事,吃完火龙果就在三三两两地讨论:火龙果的种子能不能发芽?在我们成人看来觉得都不可能,但我们却带着孩子尝试了,在浸湿的纸巾上果真发了芽,而且我们还成功移植到种植园地。这也是我们从单一播种,创新到先育苗再移植的方法,幼儿因好奇而引发的劳动创新,不是不可能,只有实践告诉我们答案,这也是孩子教给我们的。实际上,幼儿的行为和劲头不仅影响着自己、同伴乃至教师,还影响着每一个家庭对种植劳动的认知。

案例5:家长的好奇之心。幼儿的热情和一举一动开始延伸到每个家庭之中,爸爸妈妈们都在好奇着幼儿园的农场是个什么东西,为什么他们总说要上农场去。微信上,班级群里,越来越多家长忍不住好奇询问,放学的时候也会努力去"偷听"着小伙伴们聊天当中的各种信息。就算是下雨天孩子们没办法上去亲近植物,午睡之时、放学之后,只要雨停了,老师也会忍不住走上那一方宝地,看看宝贝们的宝贝们,检查一下它们稚嫩的枝丫,给他们拍拍照发到班群上,让孩子们一解相思,也给爸爸妈妈们开启一道一窥究竟的大门。孩子们的相思稍解,却因为幼苗在孩子们日日努力、认真照顾之下越加茁壮葱郁而惊艳了各家爸妈们。或许曾经有家长觉得所谓天空农场不过是一堆小盆栽,直到这一刻,这种想法已不可能再有。孩子们每日浇水、除草,定期地灌溉营养,植物在细心照顾与孩子们暖暖如阳光的关爱之下日渐健康茁壮成长。番茄枝丫努力向上攀爬,辣椒的枝条伸出栏管之外逐渐硬朗,似乎变化不大的京冠红也在葱葱郁郁中多出了好多如裙若浪的叶瓣。植物如是,人亦如是。孩子们面对自己的宝贝,就像爸爸妈妈看着孩子那般宠爱,养护植物悉心细致,点滴不容错过。

从以上案例我们看到,在家园协同中"小手拉大手",家长通过幼儿的情感和行为认识劳动的价值,在生活中为幼儿提供参与劳动和接触自然的机会。实际上,老师的带领和日常的观察、探索、尝试,对于小班年龄段幼儿的劳动行为的形成非常重要。幼儿在不断的实际操作中形成良好的劳动习惯。

案例6:小班宝宝"在行动"。小班的孩子对于种植劳作正是懵懂好奇的时候,天马行空的想法,十万个为什么的小脑袋总是能迸发出趣味的火花。种植园内,老师们带领着孩子一起学习观察、照顾着植物,面对生长过密需要修剪的千禧番茄,孩子们特别不舍,看着剪下来的侧枝细丫,孩子们的小脑袋又开始打转了:它们还能活吗?能种吗?插进泥土里能救它们吗?能用胶布粘回去吗?……看着剪下来的侧枝丫,真是不舍到心里头了。最后孩子们还是决定留下它们,于是在美工区翻翻找找搜罗了各种一次性塑料杯子、小罐子、小碗,请老师帮忙叮叮当当地敲洞洞做简单的小花盆,把万分不舍的小枝丫细心地栽种进"花盆"里。每日浇水,整理枝条,细致地照料,渐渐让这些无根枝丫长出了长长白白的根须,生出了黄黄艳艳的小花,结出了红红小小的果实。孩子们惊喜地发现,原来没有根的枝丫也有机会茁壮成长、收获成果。寒冬之时,看着自己种植区里的小植物因为地理位置的原因缺少阳光的照射,害怕植物宝宝会冷会"着凉",于是认真地问老师可不可以给至于宝宝加"衣服"。回家还跟爸爸妈妈说着自己的想法和愿望。家长们也大力支持孩子们去尝试,为了孩子们想要给正在发芽育苗的种子"穿衣"保暖的小创意,协助孩子们寻找各种类型的保温包装袋,让孩子可以尝试用于包围着植物周围给植物宝宝防寒保暖。在尝试进行萝卜种子的育苗并且成功之时,更加希望能够与众同乐,把自己成功育出的萝卜苗送给最开始带着自己学习种植小知识的中班大班的哥哥姐姐。哥哥姐姐们更是感谢这份自然美好的礼物,更加用心照顾,把种植萝卜的过程,把萝卜苗成长变化的过程都一一记录,定期请老师帮忙反馈给弟弟妹妹,让弟弟妹妹也能感受到自己劳动有所成果的喜悦,更加用自己的劳动与记录,呈现给弟弟妹妹们一些经验与方法。在因为孩子们育苗而衍生的一个个活动中,孩子们用自己的想法,用自己的劳动成果,在分享快乐中互相交融,互相成就,也不经意间创新了一种劳动经验交流的新方式,也在这样自发形成的一个个有趣的交流活动与劳动过程中,让更多的孩子得以真诚地参与到劳动与体验中,因劳动而靠近,以分享促交往,于实践中共生长。劳动成为了孩子们生活中的一部分,用心参与劳动,渐渐在不经意间成为了孩子们一种主动而自然的生活方式。

《评估指南》体现了评价的儿童观、教育观和自我革新的务实精神,体现了评价的中国化、科学化和园本化。基于幼儿园种植园地的劳动实践,只有切实站在幼儿的角度,注重幼儿的体验,做更加人文、更加有温度的、"走心"的劳动教育,才能真正实现品德启蒙的真正目的和真正价值,才能真正回归劳动教育的本源。

跨界:赋能之"力"

教育部 2021 年 3 月 30 日印发《关于大力推进幼儿园与小学科学衔接的指导意见》(教基〔2021〕4 号)(以下简称《指导意见》),提出要全面推进幼儿园和小学实施入学准备和入学适应教育,减缓衔接坡度,帮助儿童顺利实现从幼儿园到小学的过渡。随后广东省教育厅、广州市教育局把此作为"攻坚行动"印发文件,可见"幼小衔接"的重要性、紧迫性。现实中,幼儿园和小学各自为政,儿童入学适应存在困难,家长过度焦虑,教育机构"添油加醋",颇有绑架教育生态之势,造成超标超前成为普遍态势。《指导意见》的出台,是整个教育生态系统修复的迫切要求,为整个教育生态的重构打了一针"强心针",为幼儿园、小学、家长指明了方向,也切断了一些不良教育机构的"不良"之图。随着《指导意见》的颁布,各地都围绕"幼小衔接"切实做好文件政策的贯彻落实,百花齐放。有的通过幼小联合教研、家园校论坛、专家讲座等形式,围绕生活、学习、身心、社会四个方面做好幼儿的入学准备与入学适应;有的围绕体育、美育、语言教育、数学教育、科学教育等方面作为突破点做衔接。实际上,无论采取什么样的形式、采取什么样的内容,核心点还是要从整体认识上改变:从以往单单从幼儿园大班下学期有针对性地开展入学准备教育,到幼儿园三年为幼儿入学做好基本素质准备的整体观的认识。

我们在实践研究的过程中,发现幼小衔接存在诸多问题,比如数学教育"幼小衔接"方面,存在数学活动形式各有偏重、不为整体,造成幼儿学习碎片化、随机性;数学本身的抽象难学、教学内容超标超前,造成幼儿兴趣的缺失;幼小家三方沟通不畅、各自为政,造成幼儿适应多方强加的需求。针对以上三个问题,我组织老师们展开主题讨论,但收效甚微。适逢教育部印发《关于实施全国中小学教师信息技术应用能力提升工程2.0的意见》(教师〔2019〕1号)(以下简称《能力提升工程2.0》),提出了"三提升一全面"的总体发展目标,把"全面促进信息技术与教育教学融合创新发展"作为目标之一,以达到"减负、提质、增效"的目的。文件的颁布也为幼儿园教育教学的提质增效提供了技术赋能的新视角。作为信息技术的领头人,我提出:是否可以从技术赋能的视角做好数学的科学衔接呢?对此我们展开了激烈的讨论。

通过发挥信息技术优势提升师幼教与学的效率、提升数学教育质量是否可行?我们从家、园、校三方展开分析。

第一,在幼儿园层面,入学准备从过度重视知识到多方面融合渗透相结合,切实站在幼儿的立场,保护幼儿的兴趣,采用游戏化、生活化的方式,利用幼儿园三年的时间,做好入学准备,做好终身学习的准备。数学是一门比较抽象的学科,在幼儿园必须要通过生活化、游戏化的形式开展,比如,融入角色游戏、建构游戏、体育游戏等游戏之中,融入日常生活的各个环节,同时发挥集体活动的作用,解决游戏中共性的问题。但在实践中发现,幼儿通过区域活动、自主游戏、日常生活得到的数学知识较为碎片化、零散化,通过集体活动又较为枯燥、抽象,能否利用信息技术解决幼儿数学教育中游戏化不足的问题,通过线上线下的游戏切实让幼儿爱上数学呢?

第二,在家长层面,随着《指导意见》的颁布,幼儿园、小学、家长三方都出现了好转态势,但还是存在不少幼儿园对数学内容认识不全面、不系统,教师(特别是职初教师)数学教学能力偏弱,造成教学内容的碎片化和随意化。数学知识抽象难学,教学不够系统,教学方法不够科学,造成幼儿在数学学习上的困难。另外家长由于过度焦虑,要求幼儿园教授小学的内容以适应小学的节奏,幼儿园迫于家长的压力也会出现"小学化"的内容,特别是有招生压力的民办园。即使幼儿园不教,有些家长由于自身的焦虑和攀比心态,也会通过教育机构或自己教授超标超前的内容,达到"抢跑"以"适应"小学或超越其他孩子的目的。同时这也说明幼儿园和家长的沟通还不够,特别是要让家长看到幼儿园数学教育的特点以及成效,不要盲目追求超标超前的知识的学习。

第三,在小学层面,对于"幼小衔接"的认识有误差,认为"幼小衔接"就是按照小学的方式或环境来实施,一味适应小学的具体要求,小学老师对幼儿园的教育方式又不熟悉,造成幼儿园小学互不相通或各自为政。特别是在后疫情时期,幼儿园与小学跨校的联合教研受限,家长也不能实地参与幼儿园的公开活动。此外,教师的教育理念不是以儿童为本,缺少应有的儿童观、教育观。坚守幼儿园游戏化、生活化的沃土,通过《指导意见》的具体要求,与小学做好双向沟通,与家长做好家园共育,才能做好双向、科学、有效衔接。

综合以上研究分析发现,"幼小衔接"中数学教育存在"碎片"陡坡、"抽象"陡坡、"距离"陡坡。如何突破?我组织开展头脑风暴、世界咖啡、工作坊等多种形式的教研活动,并针对每次教研的内容形成可操作性的流程。经过半年的研究实践,我们总结出通过模式赋能、游戏赋能和网络赋能等方式,实现了技术赋能数学衔接的目标。"'幼小衔接'和信息技术2.0一起做",既提升了幼儿园的工作效率,又减轻了教师们的负担,还切实提升了幼儿在数学学习方面的兴趣和效果,可谓"一举多得"。

赋能数学的三种方式

一、模式赋能:打造"两问""两做""一摸查"的模式

当前在数学活动中,大多让幼儿操作数学学具、习得数学知识、培养数学思维,但数学比较抽象,不是单纯的操作学具就可以习得数学知识和数学思维。我们知道单纯的一种类型的活动是不可取的,集体活动、区域活动、游戏活动等缺一不可,但在淡化集体活动的今天,我们如何提升集体活动实效?真正让集体活动发挥画龙点睛的作用,以更好地支撑区域活动、游戏活动中所需的必要知识,使数学学习更加系统全面。基于问题,我们提出活动前要"两问",活动中"两做",活动后要"一摸查"。"两问",就是在融合创新前教师要问自己两个问题:该领域的核心方法是什么?用信息技术是否更有优势?如果回答"是",则信息技术和核心方法融合创新;如果回答"否"则不用信息技术。"两做"即信息技术和实际操作都要做。"一摸查"就是教师随机摸查幼儿掌握情况。我们采用"两做",一个是信息技术手段,另外一个是现实操作。信息技术有个致命的缺点,就是脱离现实,缺少人和人或人和物的直接接触,容易进入一种虚无状态。比如电脑操作游戏中,幼儿的手只是用鼠标拖拉或用手指点触或拖拉,缺少手与实物的接触,无法直接摆弄,缺少手与实物的直接感知和触碰,这种虚无知觉不利于孩子的触觉体验和感知记忆。信息技术游戏操作的直观性、趣味性、可反馈,可以通过视觉印在幼儿的脑海中。实物操作的触觉、可摆弄,通过手的触觉摆弄印在幼儿脑中。第一种视觉冲击强,但手的触觉限于鼠标和屏幕,第二种有手的触觉和摆弄,但不直观,缺乏及时反馈,视觉冲击差。我们将这两种方式的最大优势结合起来,电脑操作和现实操作相结合切实提高了幼儿学习的兴趣和效率。

二、游戏赋能:发挥游戏的情景性、互动性和反馈性

1. 情景性和互动性:发挥电脑游戏的情景性和互动性

比如,二级分类的知识,这是个比较抽象的知识点,老师费了九牛二虎之力,幼儿当时学会了但很快就忘记了,因为太抽象了,幼儿不理解。基于

问题,我们借用蝴蝶采花蜜的动画情景进行操作游戏,按蝴蝶颜色一级分类,再接着按照大小分类,这种一个集合分成两类集合、再各自分成两类集合的形象画面一下子呈现在幼儿眼前,把抽象的知识情景化、图示化,一下子突破幼儿不理解的难题。

2. 操作性:回归现实操作

仅仅电脑操作是不完整的,我们必须注重幼儿的实际操作和亲身体验,也就是我们采用的"两做",教师还要创设现实情境或到真实情景中去,幼儿通过操作数学学具或真实的实物,懂得数学的有用和有趣,为幼儿的数学思维的建立打好基础。"一摸查",就是我们在活动后随机抽取幼儿,对幼儿掌握的情况进行摸查。我们在活动后都会利用课堂酷等软件随机抽取部分幼儿完成,以检测活动的效果。

3. 反馈性:发挥电脑游戏的反馈作用,边说边做

虚拟游戏中的"边玩边听边模仿":数学游戏的操作比操作实物还有一个最大的优势就是有反馈,比如量的排序游戏:答对了,这是粗的,这是细的,从左到右数,一个比一个细。幼儿在现实中实物操作,幼儿操作完后要等老师或同伴的检查,不能及时得到反馈,而且"这是粗的,这是细的,从左到右数,一个比一个细"的数学思维的语言是提前镶嵌其中的。

现实操作中的"边玩边做后说":教师集体教或一个一个去教,不如让幼儿模仿里面的语言。这样幼儿在现实中完成实物操作后学说排序的规律,教师检查。这样从游戏到实物的操作,实现了从形象思维到抽象的转变,再结合言语镶嵌的配合,幼儿学数学更加容易有趣。基于问题,我们用信息技术游戏相结合解决实物不足的问题。比如,给蜈蚣叔叔穿袜子的数学学具,蜈蚣叔叔的袜子有不同颜色,幼儿要根据蜈蚣穿袜子的图片找规律,比如ABAB的规律、ABCABC的规律等进行排序。在设计不同规律的袜子时遇到难题,老师要制作大量的不同颜色的袜子,提供蜈蚣的实物,给老师带来负担。我们设计了关于给蜈蚣穿袜子的游戏,幼儿不但在幼儿园可以操作,在家里当小老师考考家长,很有意思,创造出的规律让我们老师也非常惊讶,这么难都可以。同时我们把蜈蚣叔叔的形象打印出来,让幼儿用彩笔给蜈蚣叔叔画袜子,这种电脑里外都能操作。

三、网络赋能：基于"互联网+"视角，破除空间限制

网络教研、网络直播，搭建网络交流渠道。发挥互联网的功效，利用大型活动直播技术解决万水千山的距离。实际上幼儿园用最极简的设备即可实现直播效果。硬件方面：幼儿园可以用一体机、手提电脑、摄像头三个设备就可以完成直播，显示设备可以用一体机、投影和电脑、大显示器其中一个即可，用 VGA 或 HDIM 线把手提电脑与一体机连接、手提连一个音响，把摄像头插入手提电脑[建议：摄像头带收音功能（带广角功能效果更佳），同时把摄像头固定在三脚架上以便于移动]。软件方面：可以用腾讯会议、钉钉、CCtalk 等软件直播。对于有互动要求的直播再加上 UMU 软件、课堂酷等软件加以辅助。通过网络会议的形式，切实解决幼儿园和小学、幼儿园和家长之间的距离，通过网络教研、活动案例直播、网络圆桌会、网络答疑会等形式，切实让幼儿园、小学、家庭形成合力。同时三者建立学习共同体，幼儿园、小学建立讲师团，专门为家长答疑解惑，以形成三者通畅便捷的沟通渠道。

优势：发挥之"极"

教育部《关于实施全国中小学教师信息技术应用能力提升工程 2.0 的意见》提出，要全面促进信息技术与教育教学融合创新发展。随着文件的颁布，以中小学为主导的样板和模式成果不断、百花齐放。然而在幼儿园层面，呈现出培训和指导相对薄弱、教师层面无所下手或模糊推进的状态。我们幼儿园也面临同样的问题，作为教学园长我被推到教育信息化的"风头浪尖"，我主动承担起幼儿园教师全员信息技术应用能力培训的任务。"信息化领导力"是每位园长必备的素养，既然承担了任务"就要做到最好"。

信息技术是我的优势项目，我一直坚守在幼儿园一线的应用当中，无论是硬件维修还是软件制作，都是我日常工作的内容。我带领全园教师进行了第一轮的实践研究，但并不是很顺利，分析原因在于脱离园本实际，给教师带来了大量额外的任务，与"减负、提质、增效"的目的背道而驰。我对第

一轮实践研究开始"解剖麻雀"式的分析,积极听取大家的建议和想法,并做好访谈记录,针对共性的问题展开思考,形成了基于各项问题的现状对策表。

表 15–1 问题现状对策表

问题	现状	对策
对"精准把脉"自我认识缺失	自我认识缺失:对本园开展基础分析不透彻,没有具体的方向和抓手,缺少信息技术1.0开展后的现状、成效和问题分析	"工具"策略:基于本园的SWOT工具分析,即从优势(S)、劣势(W)、机遇(O)和挑战(T)四方面分析。思路:优势方面:从信息技术1.0之后,教师信息技术素养有很大提升,会利用信息技术手段开展教育教学和研训活动;劣势方面:与教育教学融合方面遇到瓶颈;机遇方面:适逢2.0基于课堂、基于应用的背景,以微能力为导向,基于课堂实际、创新教学模式,以形成融合创新园本化课程;挑战方面:教师之间信息技术发展不均衡(差异性大),必须发挥信息骨干引领协同发展;同时借助2.0的专家资源、姊妹园资源,结合本园常态化的园本研修模式,充分利用现有的多媒体资源,开展园本实践出成果。经过分析,整体思路变得清晰、明确

第十五章 "践行"研究之道

续表 15-1

问题	现状	对策
对"实践应用"靶向认识的不清	目标认识不清：信息技术手段在幼儿园的应用经过信息技术1.0大家不再陌生，主要围绕教师在技术方面信息技术素养的提升，进入2.0之后，普遍认为还是技术提升。老师们一提到信息技术都感觉是一种负担。那么幼儿园怎样开展信息技术应用能力的提升，是不是没法做了？走1.0的老路？还是形式上有"用了信息技术，完成任务就行了"的心态？1.0是把老师从工作场景当中脱离出来，让他孤独地成长。一个老师，从幼儿园里面走出来，去学习一些信息技术的能力和技术，但他没有支持者，他们没有实际的应用环境。而2.0则是在自己的工作岗位上，在自己的教育教学过程当中，大胆地、积极地尝试推动信息化教育教学的实践。一线的实践智慧来源于哪里？来源于你有没有打造一个体现信息技术能力点的实力	"从简"策略：有用的教育技术才被普及推广。"手段不是最重要的，实践应用才是重点"。2.0不再是关注个人技术能力，而是应用驱动（学以致用）、整体发展（幼儿园、教师、幼儿）。幼儿园必须基于园本环境，对标优秀等级的标准，在教师拿手的领域、（用信息技术手段）解决（破解）该领域中的真实问题（以提质增效）。对于信息技术基础较弱的幼儿园，应该弱化技术赋能层面、强化应用驱动，不要考虑技术，用简单的技术做出自己的特色成果。建立学习共同体，每个人都可以享受共同体的信息资源，每个人都是收获者也是贡献者，形成"自家人、一家人"的氛围。同时也要注意掌握技术、拥有智慧、精准教学，但不要精致利己，技术发展加速度还需不忘教育初心。 思路：我们的教师只会PPT不会其他复杂的软件，不能开展了吗？当然不是！"一个视频就是信息技术、一个图片就是信息技术、一个动画就是信息技术、一个游戏就是信息技术……"用手机拍视频、用视频创设情景可以吗？用图片分享幼儿的作品可以吗？当然可以！信息技术只是手段，不是越复杂越好，反而越简单越有效，更适合我们幼儿园

续表 15-1

问题	现状	对策
对"护眼问题"矛盾冲突的徘徊	护眼问题"矛盾":新的一代是信息技术的原住民,幼儿接触手机、iPad、电视、电脑的机会越来越多,对幼儿眼睛的保护可以说是迫在眉睫。随着国家省市文件的要求,近视率逐渐成为幼儿园健康评估的一项重要指标。面对信息技术2.0文件的要求,心里充满着矛盾,在两者之间徘徊	"效率"策略:可以限制一个活动使用信息技术的时间、一天使用信息技术的总时间。 思路:使用的效率。中大班一个活动使用信息技术不超过15分钟,一天不超过30分钟;小班一个活动使用不超过10分钟,一天不超过20分钟。提高了使用的效率,确保使用的质量,而不是没有"度"的使用
对"校本研修"聚焦实际的脱离	实际常态脱离:与日常备课、教学、教研、科研等脱离,单独把信息化拿出来,增加老师负担,不是常态化开展,反而形成"增负减效"负面效果。没有行动计划表,没有形成发展共同体的协同发展模式,脱离实际,研修形式单一,造成课堂、发展共同体、教学资源三者的孤立	"聚焦"策略:信息技术2.0给幼儿园带来很多挑战和问题。比如整个项目"自上而下"落地在幼儿园,使得幼儿园的自主空间变大、主体作用增强,面对每个幼儿园发展目标的差异变大,各个幼儿园必须要聚焦自己的实际,以形成解决园本问题的特色做法。 思路:聚焦的方向。第一,先聚焦成果,然后思考基于成果的方案该怎么做。第二,教师选择同几个能力点,不要撒的面太广,以便提高老师们学习的效率。第三,在进行园本研修时,同一个活动包含多几个能力点,而不是一个活动一个能力点,以便提高成果效率。第四,对于幼儿园过程中的园本研修,与幼儿园其他教育教学活动一起做,合二为一,采用我们平时的研训模式,基于成果进行开展。第五,注重微处突破,融合创新。不要什么都想去做,就在一个小点上去思考去实践,形成自己的方法和具体做法

此表梳理清晰之后,我组织全体教师展开研训活动,针对存在的每一个问题提出了具体的对策和思路,为幼儿园顺利开展信息技术能力提升项目的开展提供了良好的"鹰架","有策略有思路"的做法赢得大家的支持和认可,切实解决了第一轮难以推进的问题,解决了大家的畏难情绪。

"要做就要做到天花板",这是我对自己的新要求。我带领大家开始了第二轮的研究实践,研究一开始就出现了"聚焦技术优先"还是"回归教育的本源"的讨论:是基于技术的先进性、技术使用的量决定融合创新的水平,还是基于提升教育教学的质量呢?"必须从某个角度打开突破口",我带领大家一起进行信息技术和五大领域融合的相关研究,但大多数研究都是在多媒体软件的角度提出信息技术的优势和做法,使研究一度陷入僵局。"能否从五大领域自身独特方法的角度入手破局呢?"我们开始基于教学方法开展研究,从三个视角找突破点:第一,不同领域的独特方法的视角;第二,幼儿学的视角(情绪、动作、创造性);第三,情景创设的视角。找好视角后,从一个小点出发,基于成果导向,开始做我们幼儿园自己独特的研究成果。经过一年多的实践研究,真正实现了教师信息技术应用能力的提升。

附:基于领域独特方法:融合创新的新思考

幼儿园普遍存在"聚焦技术优先":用技术的先进性、技术使用的量来决定融合创新的水平。对此,"回归教育的本源"是当下必须要思考的问题。技术赋能,必须要抓住五大领域融合自身的独特方法,才能高效地达到"减负、提质、增效"的良效。

一、科学领域从"难融"到"适融"

科学注重幼儿的自主探究、自主发现的能力和探究的精神。所以信息技术这方面是不能代替的。"两步思考":一是选取科学领域的独特方法实验法,二是考虑"信息技术是否可以为之服务,或者说信息技术更有优势?"信息技术可以做各类实验给幼儿观看吗?回答当然是错误的。既然科学领域核心的方法信息技术不能为之服务,那么在教师教学中是否用到其他方法。比如情景法(导入时)、分享法(图片或录像分享实验的过程)。所以我们在设计活动的时候,首先从核心的方法入手,再看其他的方法,信息技术总有可发挥作用优势的地方。实际上从知识的分类来讲,每个领域都有一些是认知类的知识,对认知的知识怎么处理? 比如:科学活动"毛毛虫和蝴蝶",我们不可能让幼儿通过一节科学活动看到从毛毛虫到蝴蝶的整个过程,这种认知类的知识恰恰可以发挥信息技术的独特优势。通过动画、游戏等方式,让幼儿在看动画、玩游戏的过程中体验和学习。也可以利用录像法,对在探究的过程录下来分享,让幼儿说出探索的过程或遇到的困难是如何解决的,都可以和大家分享。科学领域的实验法,实际信息技术在职业学校实验法的运用非常有用,比如模拟危险性的实验、技能性的 VR 虚拟现实,解决现实中因缺少设备或危险性等因素的问题。

二、艺术领域从"欣赏"到"分享"

艺术活动注重感知与欣赏、表现与创作。比如,美术活动除了环境创设外,还可以通过电脑展示图片、录像创造美的氛围。把教师操作的部分拍成录像展示,避免现场展示幼儿看不到的问题。在活动分享环节,除了通过展架展示,可以即时把幼儿作品拍成图片放到电脑让幼儿分享。教师可以用拍摄一些学习品质方面有明显榜样作用的幼儿,在分享环节与大家一起分享,比如专注、坚持、克服困难等,达到榜样学习的目的。音乐活动也是注重幼儿感知与欣赏、表现与创造。我们在设计活动时,可以根据需要编辑音频或视频,或剪切组合,或在重点部位加入音效;可以用生活化的物品在电脑上展示;可以设置电脑游戏与幼儿互动。比如猜一猜的游戏"哪张图片下面是光头强"。听一遍音乐就有资格翻一张图片,这种猜一猜的游戏和比赛的形式比单纯的听更有兴趣。我们在利用绘本或故事等载体的时候,可以用电脑展示故事或游戏,以此为载体步步推进故事情节和创编动作。

三、数学的"抽象"到"形象"

信息技术在数学教育方面的融合创新效果较为突出,因数学的抽象性和信息技术的主观性起到很好的互补作用。数学最核心的方法是操作法,感受生活中数学的有用和有趣。当前在数学教学活动中,大都让幼儿操作数学学具习得数学知识培养数学思维。实际上在关键环节可以通过信息技术的直观形象破解数学抽象的难题。比如,二级分类,采用蝴蝶采花蜜的动画和游戏,构设情景让幼儿操作,按蝴蝶颜色一级分类,再接着按照大小分类,非常形象直观,图示化的印在孩子脑海中,一下子突破孩子不理解的难题。操作法不单是纯实物的操作,还有构建情景下的操作。用动画设计场景,形成"形象印记+实际操作"的模式,同时实际操作部分也可以用设计的形象印记打印出制作学具用来操作。

四、社会领域从"封闭"到"开阔"

特别是进入后疫情时期以来,信息技术的应用更加广泛。特别是需要到幼儿园外边的活动,社会领域就比较明显,因为社会领域最核心的方法是实践法,除了幼儿园一日生活及其他领域融合社会领域的目标去实施,受疫情影响没法去外边实践。这时可以把拍摄的视频带回幼儿园,比如幼儿的家庭社区及家长带幼儿经历的事情等,让幼儿介绍、共享、交流。也有的老师去上一节社会活动,在活动中教孩子社会交往、社会适应等是不合理的,也是教不会的,至少是不科学的。因为社会领域只有幼儿真正通过实践从而产生情感共鸣形成良好的行为,视频恰恰发挥其便捷实用的功效。同时还可以建设"生成性资源",用最极简的技术保留美好瞬间。

五、体育锻炼从"估测"到"精准"

体育注重的是锻炼性,是通过练习的方法达到目标,不能"光说不练"。我们要做的是在练的过程中我们采用什么信息技术手段,锻炼性最关键的体现就是运动量,我们可以通过手环等自动测试幼儿的脉搏,实施同步电脑上或手机上的数据,根据数据科学合理地安排体育活动的密度。我们在推动信息化教育教学实践的时候首先就要有数据意识。智慧的本质就是数据,没有数据哪来的智慧?所以我们要善于通过采集数据、分析数据、发现课堂教学数字背后所蕴含的一些规律,甚至是有一些密码。也可以利用跳绳、体前屈等 AI 游戏,自动收集数据,便于老师科学判断。此外,可以利用体感互动游戏等软件以提高幼儿参与的积极性。

六、语言领域从"图画"到"意境"

信息技术的运用能很好地呈现故事的情节和意境,从单一的图画到动态的情景,更容易带动幼儿情感的表达。语言领域最注重的还是听说读,看绘本听故事,采用关键环节中断法,启发幼儿主动讨论、主动阅读,这些都是信息技术非常好的运用。信息技术能呈现大量的资源,弥补现实中材料的不足。同时平时日常素材资源的收集,形成图片、视频、纸质记录等形式作为语言活动的预备资源。

《新时代基础教育强师计划》提出,要提升中小学教师的信息技术应用能力和科学素养。面对现实中信息技术2.0带来的机遇和挑战,我们只有立足应用、解决实际问题,以促进信息技术与教育教学的融合创新,实现教师信息技术应用能力提升。只有我们科学认识、技术从简、聚焦领域、掌握独特方法,才能真正解决信息技术与教育教学融合创新的问题,才能真正达到"减负、提质、增效"最终目的。

参考文献

[1]邓瑜,操美林,胡利华.小学入学适应教育课程的开发与实施:以"你好,小贤童"课程为例[J].教育科学论坛,2022(5):58-62.

[2]李清雁.基于身份认同的教师德育专业能力发展研究[J].现代教育科学,2012(3):142-144.

[3]李伯玲.群体身份与个体认同:A县5名农村教师的叙事研究[D].长春:东北师范大学,2013:7-8.

[4]夏巍.自我与他者:幼儿教师身份自我理解研究[D].成都:四川师范大学,2022.

[5]吴荻.成为一名小学品德教师:小学品德教师专业认同的个案叙事研究[D].南京:南京师范大学,2013.

[6]姜勇,郑楚楚.汇聚与变革:改革开放40年幼儿园教师专业发展历程解析[J].学前教育研究,2019(3):31-40.

[7]李梦卿,田舒蕾.本科层次职业教育专业建设的逻辑、机制与路径[J].中国职业技术教育,2023(1):46-53.

[8]唐书芳.幼儿园男教师职业压力与主观幸福感关系研究:以Z市幼儿园为例[D].西宁:青海师范大学,2017.

[9]徐佃伟.在体育活动中培养幼儿的阳刚之气[J].教育导刊(幼儿教育),2007(9):43.

[10]宋凤琴.君子品格诠释及对大学生人格培育的启示[D].北京:首都师范大学,2011.

[11]徐佃伟.幼儿园体育器械的维护与管理[J].基础教育研究,2013

(11):64.

[12]中共中央、国务院关于全面深化新时代教师队伍建设改革的意见[N].人民日报,2018-02-01(001).

[13]孟静.新时代中学教师师德建设长效机制构建研究[J].开封教育学院学报,2019,39(3):202-203,208.

[14]杨琪琪.教育生态学视野下新教师成长的个案研究[D].漳州:闽南师范大学,2017.

[15]傅渊,刘超洋.五年一贯制学前教育专业"行为课程"设置探究:基于张雪门"行为课程"思想实践[J].陕西学前师范学院学报,2022,38(6):58-66.

[16]易铃铃.幼儿园新手型和经验型教师数学PCK比较的个案研究[J].陕西学前师范学院学报,2021,37(2):86-94.

[17]胡红梅,张家琼.规范化培训:普及有质量学前教育的制度创新:论《幼儿园新入职教师规范化培训实施指南》的意义、特色与贯彻执行[J].重庆第二师范学院学报,2021,34(4):83-87.

[18]杨梅佐,赵翠翠.幼儿园保教质量自我评估实施路径[J].早期教育,2023(13):11-13.

[19]孙姗.借《幼儿园保育教育质量评估指南》引领,促过程质量提升[J].幼儿100(教师版),2022(5):20-22.

[20]张佳妮.有效教学视角下教师专业发展的应有追求[J].现代商贸工业,2020,41(3):84-85.

[21]姜勇,郑楚楚.汇聚与变革:改革开放40年幼儿园教师专业发展历程解析[J].学前教育研究,2019(3):31-40.

[22]李大圣,吴蔚然.幼儿园新教师"三维共振三段发展"培训模式的创新实践[J].西南大学学报(社会科学版),2022,48(1):144-151.

[23]陆露.中小学教师职业规划的实践研究[D].武汉:华中师范大学,2008.

[24]李大圣,吴蔚然.幼儿园新教师"三维共振三段发展"培训模式的创新实践[J].西南大学学报(社会科学版),2022,48(1):144-151.

[25]冯晓霞.幼儿园教师的专业知识[J].学前教育研究,2012(10):3-12+45.

[26]朱丹瑶.儿童运动当如是[J].幼儿教育,2022(Z5):18-19.

[27]刘荣华.有意义学习的情境、任务与活动设计策略[J].小学语文教师,2023(2):4-8.

[28]徐佃伟.幼儿园户外活动安全防护策略[J].基础教育研究,2022(19):94-97.

[29]徐佃伟.谈谈幼儿园体育活动的情绪调节功能:由一则案例引发的思考[J].教育导刊(下半月),2013(4):89-90.

[30]华爱华.幼儿户外游戏的挑战与安全[J].体育与科学,2009,30(4):35-38.

[31]徐佃伟.浅谈幼儿体育活动中创造思维的培养[J].中国教育研究论丛,2007(0):844-846.

[32]徐佃伟.小议幼儿园"三浴"锻炼存在的问题及对策[J].教育导刊(下半月),2013(6):89-90.

[33]徐佃伟.利用种植园地活动提升幼儿劳动素养[J].新教育,2022(25):85-86.

[34]徐佃伟,陈倩茹.种植园里潜移默化的劳动教育[J].教育,2022(24):92-94.

[35]宇文利.中国共产党人对劳动精神的弘扬和培育[J].马克思主义理论学科研究,2022,8(1):104-113.

[36]徐佃伟.幼儿园户外活动安全防护策略[J].基础教育研究,2022(19):94-97.

[37]徐佃伟,张馨予.当信息技术赋能数学衔接[J].教育家,2023(12):60.

[38]关楠楠.人工智能时代教师信息化教学能力提升研究[J].广东第二师范学院学报,2021,41(5):62-71.

[39]洪秀敏,刘倩倩.不同利益主体视域下幼小衔接的多维挑战与突围之路:基于东中西部五省的实证调查[J].中国教育学刊,2022(4):1-6.

附 录

附件1 访谈提纲

幼儿园男教师职业困境和职业规划访谈提纲(男教师版)

一、个人信息

1. 姓名:

2. 年龄:

3. 教育背景:

4. 工作经验:

5. 目前职位:

二、职业困境与职业规划

1. 您在幼儿园男教师职业中工作了多长时间?

2. 您对这份工作的满意度如何?

3. 您是否感觉在幼儿园男教师职业中存在性别歧视?如果有,您能否举例说明?

4. 您是否感觉在幼儿园男教师职业中存在职业晋升的困境?如果有,您认为原因是什么?

5. 您是否感觉在幼儿园男教师职业中存在工作压力大的问题?如果有,您是如何应对的?

6. 您是否感觉在幼儿园男教师职业中存在工作时间长的问题？如果有,您是如何平衡工作与生活的？

7. 您是否有职业规划？如果有,请简要描述。

8. 您是否认为幼儿园男教师的职业发展前景与女教师相同？如果不同,您认为原因是什么？

9. 您是否有想过离开幼儿园男教师职业？如果有,请简要描述原因。

10. 您认为幼儿园男教师应该如何提高自己的职业竞争力？

11. 您认为幼儿园男教师应该如何规划自己的职业发展？

幼儿园男教师职业困境和职业规划访谈提纲(园长版)

访谈者：　　　　访谈时间：　　　　访谈对象编号：

一、职业发展困境

1. 您认为幼儿园男教师在幼儿园工作中有哪些优势和劣势？

2. 您是否有发现过幼儿园男教师在工作中遇到的困境？

3. 您认为这些困境的根源是什么？

4. 您对这些困境有什么解决方案？

5. 您认为幼儿园应该如何提高男性教师的工作满意度？

6. 您认为在工作分配上幼儿园应该如何区分男女教师的区别？

7. 工作中有没有令您印象深刻的事情？

二、职业规划

1. 您认为幼儿园男教师应该如何规划自己的职业生涯？

2. 您认为幼儿园男教师在职业规划中应该考虑哪些因素？

3. 您对幼儿园男教师的职业规划有哪些具体的建议？

附件2 调查问卷

幼儿园男教师职业认同和职业规划调查问卷

您好!感谢您在百忙之中参与调查,这是一份关于学前教育中幼儿园男教师职业认同和职业规划现状的调查问卷,此问卷仅用于课题研究,请放心填写。请您根据自己的情况如实填写,您的答案对我们来说非常宝贵,特别感谢您的帮助与配合!

第一部分 个人信息

1. 年龄_____
   A. 20 岁以下　　B. 21~30 岁　　C. 31~40 岁　　D. 41~50 岁
   E. 50 岁以上

2. 学历_____
   A. 中专以下　　B. 大专　　C. 本科　　D. 研究生

3. 所学专业_____
   A. 学前教育专业　　B. 非学前教育专业

4. 您所在的幼儿园性质_____
   A. 公办园　　B. 民办园

5. 您的教龄_____
   A. 5 年以内　　B. 5~10 年　　C. 10~15 年
   D. 15~20 年　　E. 20~30 年　　F. 30 年以上

6. 您任教的地区_____
   A. 城市　　B. 乡镇　　C. 农村

7. 您所在的幼儿园等级_____
   A. 省级示范　　B. 市级示范
   C. 区级示范　　D. 其他(请注明)

第二部分 职业认同

一、以下题目请您选择最符合自己实际情况的选项,如您的实际情况与备选答案不同,请您如实填写在其后的空白线上。

1. 您选择幼儿园男教师这份职业的原因是?(多选题)

 A. 热爱幼教职业

 B. 专业认可

 C. 迫于就业压力

 D. 寻求一份稳定的工作

 E. 实现自我价值

 F. 受他人影响

 G. 其他(请填写)_____

2. 您认为男教师在幼儿园教师中任职的比例是?(单选题)

 A. 男少女多

 B. 男多女少

 C. 男女平衡

 D. 不需要

 E. 无所谓

3. 您认为男教师在幼儿园适合做哪些性质的工作?(多选题)

 A. 园长

 B. 带班老师

 C. 体育老师

 D. 其他(请填写)_____

4. 您认为男教师在幼儿教育工作中有哪些优势?(多选题)

 A. 有利于幼儿富有阳刚之气

 B. 有利于幼儿健康人格的培养

 C. 有利于增强幼儿的安全感

 D. 有利于培养幼儿逻辑空间思维能力

 E. 有利于培养幼儿独立思考、客观处理事物的能力

 F. 其他(请填写)_____

5. 您所在幼儿园的男教师在园工作的职业工龄平均为？（单选题）

  A. 一年

  B. 二年

  C. 三年

  D. 其他(请填写)_____

6. 相较于女教师而言,幼儿会更喜欢男教师吗？（单选题）

  A. 是的

  B. 不是

  C. 不清楚

7. 是否有女幼儿家长对于您与女幼儿的接触提出过异议？（单选题）

  A. 有

  B. 没有

  C. 不清楚

8. 您是否与园内女教师相处愉快？（单选题）

  A. 是

  B. 不是

  C. 不清楚

9. 您认为幼儿园缺乏男教师是一个函需解决的问题吗？（单选题）

  A. 是

  B. 不是

  C. 不清楚

10. 幼儿园男教师任职人数所占比例偏低是否会对您造成一定的压力？（单选题）

  A. 会

  B. 不会

  C. 无所谓

11. 您的家人是否支持您的工作？（单选题）

  A. 非常支持

  B. 支持

  C. 无所谓

D. 不支持

12. 您愿意在别人面前提及自己的职业吗？（单选题）

　　A. 愿意

　　B. 无所谓

　　C. 不愿意

13. 您在幼儿园有较大的职业发展空间吗？（单选题）

　　A. 有

　　B. 没有

　　C. 不清楚

14. 整体而言,您对目前所从事的工作感到满意吗？（单选题）

　　A. 满意

　　B. 一般

　　C. 不满意

15. 您觉得目前从事幼儿园男教师工作的压力来源于(　　)（多选题）

　　A. 社会传统观念

　　B. 工作责任大,工资待遇和付出不成正比

　　C. 同伴太少缺乏交流,人际关系紧张

　　D. 未来的规划迷茫

　　E. 个人价值得不到发挥

　　F. 感觉自己没有能力胜任工作

　　G. 其他(请填写)_____

第三部分　职业规划

一、请根据下面句子的描述,选择一个与自己情况最为符合的选项,在选项前面的字母上打"√"（请不要漏选或多选）,感谢您的配合。（其中"非常符合"计5分、"比较符合"计4分、"基本符合"计3分、"较不符合"计2分、"非常不符合"计1分）

1. 我非常清楚自己的性格

　　A. 非常不符合

　　B. 较不符合

　　C. 基本符合

D. 比较符合

E. 非常符合

2. 我非常清楚自己的技能与能力

　　A. 非常不符合

　　B. 较不符合

　　C. 基本符合

　　D. 比较符合

　　E. 非常符合

3. 我非常清楚我在工作中的优势与劣势

　　A. 非常不符合

　　B. 较不符合

　　C. 基本符合

　　D. 比较符合

　　E. 非常符合

4. 我非常清楚自己适合哪种类型的工作职业认知

　　A. 非常不符合

　　B. 较不符合

　　C. 基本符合

　　D. 比较符合

　　E. 非常符合

5. 我非常清楚幼师教师职业需要具备哪些专业知识和技能

　　A. 非常不符合

　　B. 较不符合

　　C. 基本符合

　　D. 比较符合

　　E. 非常符合

6. 我非常清楚工作中遇到的问题或困难

　　A. 非常不符合

　　B. 较不符合

　　C. 基本符合

D. 比较符合

E. 非常符合

7. 我非常关注教师职业动态(如研究领域内的最新成果国家的相关政策)

    A. 非常不符合

    B. 较不符合

    C. 基本符合

    D. 比较符合

    E. 非常符合

8. 我非常清楚所在学校的特色、定位、发展目标

    A. 非常不符合

    B. 较不符合

    C. 基本符合

    D. 比较符合

    E. 非常符合

9. 我非常清楚所在学校的职称评定、晋升方面的政策

    A. 非常不符合

    B. 较不符合

    C. 基本符合

    D. 比较符合

    E. 非常符合

二、请在最符合您情况的选项上打"√"

1. 您对自我的专业发展(单选题)

    A. 重视   B. 不重视   C. 没想过

2. 您是否听说过教师专业发展规划的相关观点?(单选题)

    A. 没有   B. 听说过,但不了解

    C. 听过,有大概了解   D. 非常了解

3. 您认为教师专业发展规划(单选题)

    A. 不重要,计划没有变化快   B. 有点重要,可以制定

    C. 很重要,必须制定

4. 您认为教师专业发展规划和教师专业发展之间的关系是？（单选题）

　　A. 促进关系　　　　　　　　B. 有关系,但关系不大

　　C. 没有必然关系

5. 您成为教师后是否制定过教师专业发展自我规划（非幼儿园必要教育教学任务）（单选题）

　　A. 制定过,并执行反思　　　　B. 自己想过,没写下来也没执行

　　C. 自己没有想过

6. 您认为进行教师专业发展规划的主要目的是（单选题）

　　A. 晋升职称的需要　　　　　　B. 促进专业发展

　　C. 满足社会或学校的要求　　　D. 提升自我素养

7. 您认为教师专业发展规划的主要内容有哪些（多选题）

　　A. 教学技能　　　B. 学习规划　　　　C. 科研目标

　　D. 个人修养　　　E. 经济收入

8. 您现在是否有足够的能力进行专业发展规划？（单选题）

　　A. 熟练掌握专业发展规划的知识,完全能够根据自身情况进行

　　B. 掌握一定的专业发展规划知识,但需要指导才能进行科学规划

　　C. 不清楚相关的专业发展规划知识,因此从无下手

　　D. 从未做过专业发展规划,不清楚自己是否具有此能力

9. 学校是否要求或者帮助过教师制定过教师专业发展自我规划（针对个人的）之类的呢？（单选题）

　　A. 是　　　　　　B. 否　　　　　　C. 不清楚

10. 您是否参与过教师专业发展规划的专门培训？（单选题）

　　A. 是　　　　　　B. 否　　　　　　C. 不清楚

11. 您所参加的有关教师专业发展规划的培训对您进行自我（主动）规划是否有作用？（单选题）

　　A. 有重要作用　　　B. 作用一般　　　C. 没有作用

12. 您觉得以下哪种描述更能说明您现在的职业状态？（单选题）

　　A. 很积极投入,并有专业发展目标,用心经营

　　B. 有一定的专业发展目标,并为之奋斗

　　C. 干好本职工作,不主动,不出错

D. 得过且过

13. 作为幼儿教师,您更想在哪些方面实现专业发展?(单选题)

  A. 提高教学技能   B. 教育科研能力更强

  C. 成为教育专家   D. 满足现状,不想再费力发展

14. 您觉得幼儿教师有没有必要做专业发展自我规划(非幼儿园要求)?(单选题)

  A. 有必要做详细的专业发展自我规划

  B. 有必要做大致的专业发展自我规划

  C. 没有必要做任何专业发展自我规划

15. 在个人因素中,您认为以下哪些因素会影响您进行专业发展自我规划?(多选题)

  A. 对专业发展规划知识的了解程度

  B. 对自我能力或现状的不满

  C. 对周边环境(包括同事)与条件的分析

16. 您的家庭状态对您投入教学工作是否有影响?(单选题)

  A. 有很大影响   B. 影响一般   C. 没有影响

17. 在学校因素中,您认为以下哪些因素会影响您进行专业发展自我规划?(多选题)

  A. 工作繁重,无暇顾及

  B. 学校支持不够,帮助不够

  C. 缺乏相关培训

  D. 缺少发展机会和空间

  E. 学校不重视、不支持

  F. 晋升、考评机制

问卷到此结束,谢谢您的配合!

后　记

　　幼儿园男教师的专业发展是一个复杂的过程,需要男教师自身的不断努力和外部力量的支持。在职业身份认同、职业专业认同、教育信念、君子品格、阳刚之气、亲和力、规划力和行动力等方面,男教师都需要有一定的素养和能力。只有不断地努力和追求,才能在幼儿教育领域发挥更大的作用,为幼儿的成长和未来奠定坚实的基础。

　　如果有人再问我专著是什么？我可能会说:专著就是自己的思想和主张。在整个撰写的过程中,最难的地方就是如何用文字来体现自己的思想。写这本书的初衷不是什么评先评优,而是我这二十年来的一个梦想。每当回首往事,我心里都有种写书的冲动,不为别的,就希望把自己的想法、做法分享给现在或即将进入幼儿园的男教师们,希望他们可以心有共鸣、少走弯路;分享给幼儿园有男教师的园长们,希望她们可以心有无惧、清晰管理;分享给研究男教师的专家们,希望他们更加了解我们这个鲜活而自信的群体;分享给社会上的各界朋友,希望大家更加支持我们男教师,呼吁更多的优秀男教师加入我们的队伍中来。